KB186300

Living in more than one world

PETER F. DRUCKER

이 도서의 국립중앙도서관 출판시도서목록(CIP)은 e-CIP홈페이지(http://www.nl.go.kr/ecip)와
국가자료공동목록시스템(http://www.nl.go.kr/kolisnet)에서 이용하실 수 있습니다.(CIP제어번호: CIP2013000325)

피터 드러커를
공부하는
사람들을 위하여

브루스 로젠스타인 Bruce Rosenstein 지음
피터 드러커 소사이어티 옮김

*design*house

목차
contents

일러두기 - 피터 드러커의 저서 중 국내 번역 출간된 도서는 번역서의 제목으로 명기했다.

한국어 번역본을 내며

제 책이 한국어로 번역 출간되어 더할 나위 없는 영광으로 생각합니다. 이미 피터 드러커의 저서들이 한국 독자들에게 많은 영향을 미치고 있다고 들었습니다. 드러커가 2005년 95세를 일기로 돌아가신 후에도 그의 저서와 그의 지혜에 끊임없는 관심이 일어나는 것은 매우 고무적인 일입니다. 저는 캘리포니아 클레어몬트에 있는 드러커-이토 경영대학원에서 만난 한국 드러커 소사이어티 회원들로부터 큰 감명을 받았습니다. 이들을 비롯한 한국의 많은 CEO와 고위 경영진들(드러커 소사이어티 회원이든 아니든)이 드러커의 저서들을 진지하게 읽고 이를 바탕으로 토론을 나눈다는 사실은 매우 인상적이었습니다. 여러분은 이 책에서 조직 관리에 관한 드러커의 저서에서 다뤄지지 않았던 새로운 측면을 접하게 될 겁니다. 저의 초점은 드러커라는 인물과 그가 살아온 삶에 맞춰져 있습니다. 독자 여러분이 근무지 내부는 물론 외부에서 드러커의 자기관리 원칙과 철학을 어떻게 적용할 수 있을지를 논의해 볼 것입니다.

이 책에 담긴 내용은 20년에 걸쳐 진행했던 드러커에 관한 광범위한 연구 결과를 바탕으로 한 것 입니다. 〈USA 투데이〉에 게재하기 위해 진행했던 드러커와의 개별적인 면담을 비롯해 이 책을 위해 드러커와 나누었던 면담들을 포함하고 있습니다. 저는 수년간 〈USA 투데이〉와 다른 발간물에 드러커에 관한 기고를 실었습니다. 그리고 그 인연으로 만난 드러커 교수는 항상 자신의 시간을 내주는 데 인색하지 않으셨고, 아낌없는 도움을 주셨으며, 유머가 풍부한 분이었습니다.

이 책은 드러커가 한결같이 강조했던 '기업가정신 키우기'와 '평생 학습하기', 그리고 '경력 개발의 기회 포착하기'를 반영한 것입니다. 또한 개인의 시간과 재능과 관대함을, 타인을 이롭게 하는 데 활용하기를 적극 권하고 있습니다. 여러분은 자신의 강점, 자원, 성취를 이루는 원천들로서 오직 한 영역에 몰두하는 것이 아닌, 삶을 다각화시키는 방법에 대해 읽게 될 것입니다. 실제 드러커의 삶에서 많은 본보기를 얻을 수 있는 바, 그는 가르치고 글 쓰고 컨설팅하며 다른 영역, 다양한 세계의 삶을 경험했기 때문입니다.

저는 드러커의 개인적인 사례로부터 여러분이 배울 수 있는 구체적인 방법들을 발췌하여 소개하고 강조했습니다. '경영학의 대부'로 불리며 수십 년간 전세계적으로 성공을 거두었던 드러커는, 그 수식과 성공에 걸맞는 주요 자질들을 꾸준히 연마했습니다. 저는 이와 같은 드러커의 탁월한 아이디어를 중심으로 프레임워크(framework)를 제시해 보았습니다. 이 책은 드러커의 아이디어를 발췌하고 종합하여 핵심을 간추려 본 것입니다. 이 책의 사이사이에는 지식을 가장 적절하고 가장 간명하게 활용할 방법들과 함께 '지식 작업자(knowledge worker)'로서의 삶을 살아 갈 방법들이 포함돼 있습니다.

여러분은 또한 여러분의 시간을 관리하는 것이 어떻게 보다 효과적이고 보다 큰 의미를 갖는 삶에 이르게 하는지를 발견하게 될 것입니다. 드러커의 정신은 강한 힘을 지니고 있어서, 저는 집필과정을 통해 그의 강력한 정신과 목적의식을 담아 보고자 노력했습니다. 또한 "우리 자신의 삶과 다른 사람들의 삶을 개선하기 위해 어떻게 할 수 있을까?"에 관한 답을 제시해 보고자 노력했습니다. 이 책의 집필을 위해 드러커와 수많은 면담을 진행하면서, 드러커는 지식 작업자들이 세계적 관점을 개발하는 게 중요하다고 지적하였습니다. 이것 때문에 저는 변화하고 있는 업무의 성격과 세계화되고 있는 경제에서 우리가 어디에 위치해야 할지에 관해 글을 쓰게 되었습니다. 이는 여러분이 어떤 지식 작업을 하고 있든 중요한 것입니다.

《피터 드러커를 공부하는 사람들을 위하여》는 한국 독자들에게 특별한 공감대를 형성할 것으로 생각되는, 삶을 관조하는 다른 방식에 관한 관점을 제시하고 있습니다.

2012년 12월 15일

브루스 로젠스타인(Bruce Rosenstein)

리더 투 리더, 편집인

www.rosensteinbruce@com

추천사

Foreword

내가 이 추천사를 쓰는 동안, 세상에서는 전례 없는 사회적·경제적 변동이 일어나고 있다. 때문에 우리에게는 획득 가능한 모든 좋은 조언과 희망이 필요하다. 바로 지금이 피터 드러커의 지혜가 필요한 시기인데, 그가 더 이상 우리에게 조언을 해 줄 수 없다는 점이 안타깝다.

그런 가운데 2009년 브루스 로젠스타인이 《피터 드러커를 공부하는 사람들을 위하여 : 피터 드러커의 교훈과 삶을 중심으로(Living in More Than One World : How Peter Drucker's Wisdom Can Inspire and Transform Your Life)》를 출간한 것은, 그해가 드러커 탄생 100주년이라는 사실에 덧붙여 매우 시의적절해 보인다. 로젠스타인은 피터 드러커의 철학과 가르침을 매우 강력하게 추출하여, 우리가 새로운 도전에 임하고 또 다른 이들 역시 그렇게 하도록 도와주고 있다. 그는 드러커의 진정한 목소리를 독자들에게 전달해 주고 있다.

내가 이 책에서 접한 피터 드러커는, 나와 1981년에 만나 미국 걸스카우트를 함께 이끌어갔던 바로 그분이다. 1990년 걸스카우트를 떠난 후 6개월이 지났을 때, 나는 비영리 기관 경영을 위한 피터 F. 드러커 재단(이후 '리더 투 리더 인스트튜트(Leader to Leader Institute)'로 개명했고, 현재는 '프란시스 헤셀바인 리더십 인스티튜트(Frances Hesselbein Leadership Institute)'로 재개명 했다 - 옮긴이)의 창설자이자 최고 경영자가 되었다. 피터 드러커는 현명하면서도 강직한 면을 갖고 있었다. 그는 유머러스하면서도 진지했고, 필요할 때는 매우 심오한 면을 보여주었다. 그는 자신의 내면을 관찰하는 역량을 갖고 있었지만, 항상 타인들에게 초점을 맞추고 있었다.

이 책을 상호교류의 경험으로 대하는 독자들은 여기서 많은 것을 얻을 수 있을 것이다. 특히 생각을 자극하는 로젠스타인의 질문들은 독자들이 문맥의 흐름 속에서 스스로에게 질문하도록 권하는데, 이는 피터 드러커의 컨설팅 스타일을 연상시킨다. 즉, 여러 질문들 - 심지어 설명하거나 증명하지 않아도 저절로 알 만큼 명백한 질문조차 - 을 통해 동료들로 하여금 발생한 상황의 이유를 생각하게 하고, 그 상황에서 어떤 일을 할 수 있을지 생각하게 하는 형태다. 이 책을 읽으면서, 독자들은 스스로 모든 각도에서 답을 생각해 보면서, 또 스스로가 갖고 있는 가정들에 질문을 던지는 과정을 통해, 드러커의 정신에 입각하여 사고하는 본인의 모습을 발견하게 될 것이다.

독자들은 내면으로 진입해 가면서 궁극적으로는 외부에 영향을 주는 방식으로 사고하게 될 것이다. 《피터 드러커를 공부하는 사람들을 위하여》라는 훌륭한 파트너의 도움을 받아 독자들의 내면이 변화와 성장으로 인해서, 당신 내부의 네 가지 벽을 뛰어넘는 긍정적인 변화를 맛보게 될 것이다.

이런 점들 때문에 이 책은 많은 논문과 저서, 웹사이트를 통해 꾸준히 드러커의 말과 글을 인용하고 참고한다. 드러커는 평생 세상사와 관계를 유지하는 기술을 마스터했다. 드러커를 따르던 사람들은 그가 세상을 떠난 이후에도 그의 영향력이 세계적으로 성장하고 확산되고 있다는 사실에 만족해하고 있다.

로젠스타인은 기존 저자들과는 다른 방식으로, 인간 피터 드러커를 집중적으로, 그리고 지속적으로 면담하고, 연구하면서 드러커의 지혜를 이끌어내고 있다. 10여 년 전 발간된 로젠스타인의 수많은 논문이나 인터뷰 기사들－〈USA 투데이〉에 주로 실린 기사뿐만 아니라 〈리더 투 리더〉 저널에 발간된 논문 등-은 예리한 인지력을 갖고 드러커를 중요한 인물로 부각시키고 있다. 로젠스타인은 이 책의 페이지마다 심오한 연구와 분석을 엮어나간다. 그는 드러커 한 사람만을 인터뷰한 것이 아니라, 드러커의 수많은 친구들과 동료, 제자들과도 인터뷰를 했다. 또한 이 책은 드러커의 사고를 제시하는 데 그치지 않고, 현재와 미래에 우리 삶을 어떻게 개선해 나갈 것인가라는 문제에 그의 사고를 접목시키는 신선한 접근방법을 취하고 있다.

로젠스타인이 찾아낸 해답은, 드러커가 그랬던 것처럼 매일 매일의 우리의 존재를 다양화시키는 것이다. 즉, 이는 호기심에 대한 촉수를 예리하게 가다듬고, 새로운 아이디어를 받아들이며, 할 수 있는 한 많은 것을 배우는 것이다. 타인을 가르치는 것도 한 방법일 수 있는데, 그 가운데서 우리는 더 많은 것을 배우고 보다 효율적인 삶을 누릴 수 있다. 필요할 때는 내면세계를 성찰해야 하지만, 무엇보다 가장 중요한 일들은 외부 세계에서 발생하고 있다는 점을 유념해야 한다는 것이다. 특히 이 지침서에서 중요하게 제시하는 것은 관대함이다. 우리는 이를 위해 우리의 시간, 재능, 전문성을 요구받게 될 것이다.

또한 성공적인 다양화는 미래가 보다 밝아질 수 있도록 하기 위해 오늘 해야 할 일을 하는 것을 포함한다. 여기서 말하는 미래란, 단지 우리가 예측했다고 해서 펼쳐지는 것이 아닌 그런 미래를 의미한다. 이 책은 많은 제안과 전략들을 소개하고 있다. 그중에서도 인품, 역량, 성취, 남들을 위해 가치 있는 무엇인가를 전수해 주는 것에 높은 우선순위를 두고 있음을 발견하게 될 것이다. 이것은 선택사항이 아니라 필수사항이다. 로젠스타인은 다양화의 함정도 잊지 않고 지적한다. 즉, 우리가 하고 싶은 모든 것을 할 시간을 찾으려는 우를 범해서는 안 된다는 것이다. 이 책에서 많은 것을 얻기 위해서는 응급처방이 아니라, 지속적인 노력과 사고가 요구된다. 해답은 어떤 지름길을 찾아서 발견되는 것이 아니라 서서히 나타나게 된다는 점을 명심할 필요가 있다. 나는 드러커가 이 책이 유용한 실행계획을 제시하고 있다는 점을 높게 평가하리라 생각한다. 여러분은 지금 당장 스스로, 또한 타인-다음 세대의 사람들처럼 우리가 대면할 기회가 없는 사람들까지 포함하여-을 위해 보다 나은 삶을 일구어나가는 것을 시작할 수 있다.

나는 피터 드러커와의 친분 때문에 브루스 로젠스타인을 처음 만난 이후 로젠스타인에게 아주 깊은 인상을 받았다. 그런 관계가 로젠스타인을 저자이자 드러커의 동반자가 될 수 있도록 만들어주었다고 본다. 로젠스타인은 그의 독자들과 같은 도전에 직면하고 있다는 관점에서 글을 써나가고 있으며, 그의 매끈한 글쓰기 스타일은 독자들이 쉽게 메시지를 소화할 수 있게 한다.

이 책을 즐기고 이 책에서 가치를 찾아내기 위해 꼭 드러커에 대해 들어본 적이 있거나 드러커의 책들을 읽어본 적이 있을 필요는 없다. 독자들이 이 책에서 배운 것에서 머물지 않고, 호기심이 발전해 드러커의 책들을 찾게 되거나 다시 들쳐 보도록 자극 받게 될 것이 분명하기 때문이다. 이 책의 말미에 실린 참고 문헌 목록에는 개인의 개발과 성장에 도움이 될 만한 다양한 저서들이 엄선되어 있다. 나는 여러분들이 새로운 시각으로 이 책들을 읽고 또 읽게 될 것이라 생각한다. 그리고 이를 통해 드러커의 메시지에 내재되어 있는 의미와 철학을 보다 깊게 이해할 수 있으리라 생각한다.

여러분은 이 책에서 전개되고 있는 정교하게 엄선된, 그러면서도 정보가 충만한 내용들을 읽고 교류하는 것이 매우 고무적임을 깨닫게 될 것이다. 이는 결코 피동적인 독서 경험이 아니다. 드러커 정신으로 영위하는 삶과 일이 스스로에게 줄 수 있는 소중한 선물이며, 당신만의 삶의 여정을 밝혀 줄 선물이 될 것임을 발견함으로써 비상할 수 있기를 바란다.

프란시스 헤셀바인(Frances Hesselbein)
프란시스 헤셀바인 리더십 인스티튜트 창설자/회장
(전 리더 투 리더 인스티튜트, 비영리 기관 경영을 위한 피터 F. 드러커 재단)

서문

Preface

당신은 현대 사회의 가장 중요한 집단인 지식 작업자들 중 한 사람일 확률이 높다. 즉, 육체노동을 통해 생계를 유지하기보다, 당신이 아는 것과 학습한 것을 활용하여 일을 하며, 지식과 학습이 생산수단의 주인이 되도록 하는 것이다. 이와 같은 구분은 피터 드러커가 지은 것으로, 그는 1950년대 말부터 현대 경영학의 대부라는 칭송을 받으며 많은 저서를 남긴 사람이다. 지식은 지니고 다닐 수 있으며, 특정 사용자나 산업에 얽매여 있지 않고, 그걸 활용해서 일하는 장소 역시 지역적인 제한을 받지 않는다.

오늘날 지식 작업자의 삶은 그 어느 때보다도 도전적이다. 《세계는 평평하다 (The World Is Flat)》의 저자 토머스 L 프리드먼은 자신의 저서에서 고용이 전혀 보장되지 않고 정보가 과도하게 넘치며 일주일 내내 업무와 연관되어 있는 삶이 요구되는 상황, 즉 '수평적인 세상(flat world)'이 도래함을 정확히 예견했다. 기술과 교육이 확산되고 민주화되면서 보다 많은 곳에서 보다 많은 사람들이 여러분이 하는 일을 하기 위해 서로 경쟁하게 된 것이다.

이 책은 2005년 95세의 일기로 세상을 떠날 때까지 성공적이고 생산적인 삶을 살다간 드러커의 가르침과 개인적인 모범사례를 토대로 하여, 삶을 전인적으로 조망하고 개인적 여정에 대해 안내 한다. 전인적으로 삶을 산다는 것은, 삶의 일부가 되는 모든 사물과 사람들을 포괄적이면서 광범위하게 보는 관점을 갖는다는 의미이다. 이것이 바로 드러커가 생전에 인터뷰에서 말한 '하나 이상의 세계에서 살아가기'이다. 그리고 이렇게 전인적 삶을 실천한다면, 어떤 한 분야, 특히 업무 관련 분야에서 좌절을 경험하더라도, 자신이 지닌 다른 강점과 지원을 받아 쉽게 재기할 수 있게 된다. 이는 특히 경제적인 난국에 처해 있을 때, 예컨대 실업 상태가 지속된다든가 주거지를 상실한다든가, 멀쩡했던 기업이 파산한다든가 하는 상황이 만연할 때 현실로 다가온다. 우리가 과거에 잃어버린 직업에 대해 너무 많은 자아가치(Self-worth)를 부여했을 때, 오히려 견고한 지원 시스템과 네트워크를 구축했을 때보다 더 큰 피해를 입게 되는 경우를 보았다.

이 책의 저변에 깔린 주제는 우리의 일, 친구, 가족, 직업과 연관된 동료, 소속집단 등을 모두 아우르는 총체적 삶을 구축하고 영위해 나가자는 것이다. 그렇게 하면 삶의 모든 구성요소들을 모두 고려할 수 있게 되고, 현재와 미래에 그 각각의 요소들이 다른 것에 어떤 영향을 미칠지 생각할 수 있게 된다. 이렇게 되기 위해서는 이 책을 읽어 가면서, 혹은 읽고 난 후에 '총체적인 삶의 목록(Total Life List)'을 만들어볼 필요가 있다. 이 책의 각 장에서는 총체적인 삶의 목록을 작성하기 위한 제안사항과 배경에 대해 설명해 놓았다. 여러분이 완성할 목록은 삶에 생동감을 부여하고 변화를 만들어내는 데 도움이 되는 자료로, 여러분의 생애에서 가장 소중한 것 중 하나가 될 것이다. 왜냐하면 이 목록을 통해 자신의 현재 위치를 살펴보고, 앞으로 나아갈 방향에 대해서도 일목요연하게 알 수 있기 때문이다.

우리는 일상적인 직장생활의 영역을 넘어서 다차원적인 삶을 영위함으로써 얻을 수 있는 장점과 단점 또는 도전을 모두 생각해보고자 한다. 이러한 다차원적인 삶을 영위하면 직장을 잃거나 회사가 파산했을 때 겪는 좌절을 완충시킬 수 있을 뿐만 아니라, 직장 사람들 외에도 다른 조직과 다른 계층의 사람들과 만나 교류할 수 있게 된다. 이렇게 만난 사람과 활동을 하면서 배우는 것은 삶의 다른 영역에서도 활용할 수 있다. 그러나 여기에도 몇 가지 단점이 있는데, 다양한 활동에 연계되다 보면 집중도가 분산되는 경향이 있고, 추가로 접촉하는 사람들과 충분한 시간을 보내기 힘들 수도 있다.

여기서는 총체적인 삶을 영위하면서 얻을 수 있는 혜택과 오늘날 지식 작업자들이 직면한 도전들에 대해 생각해볼 수 있는, 복잡하지 않은 프레임워크와 조직 원칙을 제공하고자 한다. 나는 〈USA 투데이〉에서 21년간 도서 업무와 조사요원 일을 했다. 그리고 마침 이 책이 거의 마무리될 무렵 신문사를 그만 두었다. 또한 나는 12년간 〈USA 투데이〉의 금융 섹션에 글을 썼고, 현재는 아메리카가톨릭대학교의 문헌정보과학대학에서 강의를 하고 있다. 이 책에서 여러분은 삶을 시간관리, 경력계획, 일과 삶의 균형 같은 차원을 넘어 총체적으로 살펴보게 될 것이다.

아마도 다음과 같은 의구심을 갖게 될지도 모른다. "드러커 교수는 주로 경영 관련 책의 저자로, 또 〈포춘〉 지 선정 매출 규모 상위 500대 기업의 경영 컨설턴트로 알려져 있지 않은가? 왜 그의 사상이 개인의 삶과 관련이 있다는 것인가?"

드러커는 개인개발과 자기관리에 관해서도 글을 썼다. 알게 되면 해소될 것이다. 그러나 이러한 드러커의 생각들은 그의 저서들과 글들에 분산되어 있다. 따라서 이 책에서는 지식 작업자들에 관해 드러커가 남긴 가장 돋보이는 교훈을 논리적으로 수집하고 종합해보려고 했다. 독자들에게 이 책은 드러커가 쓰지 못한 자기수련형의(Self-help) 안내서가 될 것이며, 드러커로부터 멘토링을 받는 것 같은 경험을 하게 만들 것이다.

드러커의 삶은 모든 지식 작업자들의 지침이 될 수 있으며, 시사하는 바도 크다. 그는 전 생애에 걸쳐서 다차원적인 삶을 살았다. 드러커는 캘리포니아에 있는 클레어몬트대학원(Claremont Graduate University)에 있는 그의 이름을 딴 경영대학원(피터 F. 드러커-마사토시 이토 경영대학원)에서 강의를 했고, 70년간 수많은 베스트셀러를 집필했다. 또한 GE나 P&G 등 세계 유수의 기업과 미국 적십자사, 걸스카우트 같은 비영리 단체의 발전을 위한 컨설팅도 수행했다.

드러커에 관한 개인적 탐구

나는 1986년부터 피터 드러커에 대해 진지하게 연구하기 시작했다. 바로 그해에 839페이지에 달하는 피터 드러커의 저서 《피터 드러커의 매니지먼트(Management : Tasks, Responsibilities, Practices)》를 마침 내가 다니던 아메리카 가톨릭대학교의 문헌정보과학대학 경영학 교재로 채택한 것이 계기가 됐다. 이렇게 접한 것이 계기가 되어, 이후 피터 드러커의 글과 저서들을 독학으로 공부하기 시작했고, 다른 저자들의 경영학 책들도 읽어 나가면서 현재까지도 공부를 계속하고 있다. 나는 1996년부터 〈USA 투데이〉에 이 책들에 대한 글을 쓰고, 저자들과 인터뷰한 기사를 실었다. 이러한 작업은 내게 흥미로운 일이었을 뿐만 아니라, 중요한 주제에 대해 학습할 수 있는 기회가 되었다.

나는 10여 년에 걸쳐 〈USA 투데이〉를 비롯한 매체에 피터 드러커에 대한 광범위한 인터뷰와 관련 기사를 기고했다. 2002년 LA에서 피터 드러커를 인터뷰한 기사가 〈USA 투데이〉 표지 기사로 나간 후, 나는 지식 작업자들이 어떻게 하면 피터 드러커의 교훈을 자기개발과 개인적 성장에 적용할 수 있을 것인가에 관한 책을 쓰기로 마음먹었다. 이는 드러커 본인이나 다른 저자들이 과거에 철저하게 파고들지 않았던, 그러나 나 자신은 매우 흥미로울 것이라고 생각했던 피터 드러커에 대한 연구 영역이었다.

이 책을 쓰기 위해 나는 드러커를 비롯해 그의 과거 동료들(동료교수, 학생, 컨설팅 파트너 등)과 수많은 인터뷰를 했다. 내가 드러커와 한 가장 중요한 인터뷰는 2005년 4월 11일 캘리포니아 클레어몬트에서 한 것으로, 그가 세상을 떠나기 7개월 전이었다. 녹화된 이 인터뷰에는 95세 노학자의 지혜와 따뜻한 배려, 유머가 넘쳐나는 모습이 생생히 기록되어 있다. 이 인터뷰 영상은 나의 홈페이지(www.brucerosenstein.com)에서 볼 수 있으며, 나도 이 책과 DVD를 활용해 가급적 많은 곳에서 피터 드러커와 관련된 발표를 계속해 나갈 것이다.

또한 나는 클레어몬트에 있는 드러커아카이브(Drucker Archives)에 있는 자료들을 참고했고, 드러커와 지식 작업에 관해 20여 년간 수집한 자료들을 이 책을 집필하는 데 활용했다. 여러분도 내가 드러커아카이브에서 직접 본 많은 자료들을 접할 수 있으며, 자료 중 대부분은 드러커 인스티튜트 홈페이지(www.druckerinstitute.com)에 가면 무료로 볼 수 있다.

각 장의 내용 개요

제1장 '총체적인 삶을 설계하라(Designing Your Total Life)'에서는 하나 이상의 세계에서 살아가는 것에 대한 개념을 설명한다. 즉, 한 분야에만 지나치게 의존하지 말고 다차원적인 삶을 영위해야 한다는 이야기다. 각자가 총체적인 삶의 목록을 작성해 보는 것으로 시작해 이 책이 끝날 때까지 그 리스트를 작성하는데, 더 이상적인 것은 책을 다 읽은 후에도 이런 작업을 지속적으로 하는 것이다. 또한 지식 작업자의 개념에 대해 보다 자세히 살펴보고, 드러커의 삶에 대해 보다 많은 것을 배울 것이다.

제2장 '핵심역량을 개발하라(Developing Your Core Competencies)'에서는 각자 어떤 영역에 수월성을 지녔는지를 확인하고, 어떻게 그 수월성을 끌어낼 것인지에 대한 아이디어를 중심으로 설명을 해나간다. 드러커와 그 외의 사람들은 이 개념을 조직의 관점에서 거론했지만, 우리는 이 개념을 개인적인 입장에서 어떻게 활용할 것인가에 초점을 맞춰 살펴보도록 하겠다.

제3장 '미래를 창조하라(Creating Your Future)'에서는 현재 하고 있는 일과 병행하여 할 수 있는 일과, 퇴직 후 제2의 경력을 가짐으로써 더 긴 삶의 여정을 준비하는 방법에 대해 살펴볼 것이다. 여기서는 다음과 같은 드러커의 말을 인용하면서 시작한다. "미래를 창조하는 일의 목적은, 내일 무엇을 할 것인가를 결정하는 것이 아니라 내일을 위해 오늘 무엇을 할 것인가를 결정하는 것이다."

제4장 '관대함을 베풀어라(Exercising Your Generosity)'에서는 다양한 활동을 통해서 어떻게 타인의 삶을 긍정적으로 변화시킬 수 있는지, 구체적인 방법을 모색한다. 우리는 자원봉사, 멘토 활동, 비영리 조직, 사회적 기업가 활동에 참여할 수 있는 가능성에 대해 검토해 볼 것이다.

제5장 '가르치고 학습하라(Teaching and Learning)'에서는 드러커가 성공할 수 있었던 핵심적인 개념 두 가지를 중심으로 설명할 것이다. 드러커는 전 생애를 통해 오랜 기간 남을 가르치는 일을 했다. 남을 가르치는 기회를 가져보는 것과, 드러커가 3년마다 새로운 주제를 정해 평생 지속적으로 공부해온 경험에서 배울 수 있듯이, 우리도 어떻게 하면 지속적으로 평생학습을 하며, 어떻게 배울 수 있을 것인가에 대해 살펴볼 것이다.

마지막 결론의 장인 '당신만의 여행 시작하기(Launching Your Journey)'에서는 나만의 삶의 여정을 정리하고, 드러커의 사상이 자신의 삶에 어떤 시사점이 있는지 생각해볼 수 있도록 도울 것이다. 여기서는 자신의 총체적인 삶의 목록에서 더하거나 빼고 싶은 것이 무엇인지 생각해보게 될 것이다. 그리고 새로운 영감을 얻고 변화시키기 위해, 이 목록을 활용할 수 있는 다양한 방법들을 생각해볼 수 있을 것이다.

'피터 드러커를 이해하기 위한 참고 문헌(Suggested Readings)'은 개인적인 발전과 전문 분야의 발전에 도움될 만한 드러커의 많은 저서들 중 가장 중요한 저서들을 선별했으며, 각 책에서 배울 점이 무엇인지 간단한 설명을 붙여 놓았다.

책의 구성

각 장과 절(section)은 드러커의 말을 인용하면서 시작된다. 이렇게 발췌한 내용들은 드러커의 많은 책들을 탐독하도록 안내하는 역할을 한다. 각각의 인용구에 이어서 의미의 확대와 배경에 대한 내용 설명이 이어진다. 적절하다고 판단될 경우, 어떤 특정 개념을 활용하고 실행에 옮길 수 있는 방법을 제안한다. 마찬가지로 어떤 개념을 실행에 옮기는 데 부딪칠 수 있는 불이익과 도전들에 대해서도 알게 될 것이다. 각 장의 절들은 '나 자신에게 던지는 질문'이라는 항목을 통해, 각 절에서 제시한 주제를 개인적으로 어떻게 적용할 것인가, 그것이 자신의 경험에 어떻게 연결될 것인가에 대해 생각해 보도록 한다. 또한 '피터 드러커의 삶과 일'이라는 항목에서는 드러커가 이러한 개념을 어떻게 구현했는지 설명하게 된다.

각 장은 질문 요약, 주된 사항에 대한 간단한 재정리, 총체적인 삶의 목록을 구축하는 데 도움이 되는 활동 요약으로 끝을 맺는다. 이렇게 함으로써 현재 삶의 상태와 앞으로 이루고자 하는 상태 모두를 볼 수 있도록 초점을 맞출 수 있다. 이것들은 총체적인 삶의 목록을 만드는 좋은 방법이 되는데, 여러분이 현재 삶의 위치에 어떻게 도달했고 또 어떻게 원하는 미래의 상태로 갈지 생각하도록 자극하기 때문이다.

이 책을 다 마치고 나면 드러커가 어떻게 다차원적인 삶을 살았는지, 나는 어떻게 그렇게 살아가야 할지 동시에 깨닫게 될 것이다. 이미 그러한 방향으로 살아가고 있을 경우, 이 책에서 제시하는 내용이 자신의 다차원적인 삶을 강화하고 심화시키는 데 도움이 될 것이고, 각 차원들 또는 구성요소들 간의 상호관계를 맺는 데 도움이 될 것이다.

드러커는 이 책이 발간될 때까지 살아있지 못했지만, 살아 있었다면 이 책이 그의 유지와 교훈을 가치 있게 확장하고 또 지식을 활용해 일하는 사람 모두에게 가치 있는 것이 될 것이라 여겼으리라고 믿는다. 만약 드러커가 어떤 마술의 힘을 빌려 지금 이 책을 읽을 수 있다면, 그도 자신이 가르치고 쓴 것을 반추해 보고 어떻게 하면 이 책이 계속해서 다른 사람들의 삶에 영향을 미칠 수 있을지 궁리하며, 이 책을 통해 뭔가 새로운 것을 배웠다고 생각하지 않을까 상상해 본다.

1

총체적인 삶을 설계하라

Designing Your Total Life

"

내가 알았던 사람들 중 행복한 사람이라고 말
하진 못하더라도 자신의 삶에 만족하고 흡족
해 하는 사람이라고 말해도 될 사람들 중에는
한 가지 이상의 세계에서 삶을 살아가는 사람
들이 많다. 한 곳에만 몰두하고 있는 사람들
은 - 대개 정치 쪽에서 많이 만날 수 있는 - 결국
매우 불행한 사람들이다.[1]

"

브루스 로젠스타인이 진행한 피터 드러커와의 인터뷰 중에서, 2005년 4월 11일

2005년 4월 11일 오전, 95세의 일기로 세상을 떠나기 일곱 달 전, 피터 드러커는 내 마음에 깊이 남을 말을 했다. 그날 나는 캘리포니아주 클레어몬트에 있는 피터 F. 드러커-마사토시 이토 경영대학원 캠퍼스에서 피터 드러커와 인터뷰를 하는 중이었고, 뒤에서는 비디오카메라로 인터뷰 현장을 녹화하고 있었다. 드러커의 말을 유심히 듣고 있던 중 '총체적인 삶(total life)'이라는 표현이 귀에 들어왔다. 나는 그에게 이렇게 말했다. "교수님 말씀은 사람들이 자신의 총체적인 삶, 가족, 친구 그리고 자신이 속한 여러 조직들을 살펴볼 필요가 있으며, 부분적으로는 한 가지에 지나치게 치중하지 말라는 말씀이라 생각 됩니다."

그러자 그는 앞에 인용한 내용의 답을 해주었는데, 바로 그 내용이 이 책의 초석이 되었다. 그리고 정상의 자리는 공간이 많지 않기 때문에, 오랫동안 정상에 머물러 있기 어렵다고 드러커는 덧붙여 말했다. 때문에 자신의 시간과 재능을 한 가지 이상의 활동으로 넓혀 다른 집단의 사람들과 일하고 생활하며, 자신의 행복이나 존재가치를 위해 지나치게 한 가지에만 의존하지 말아야 할 필요가 있다고 했다.

이 말은 간단해 보이지만, 많은 함축적 의미를 지니고 있다. 예를 들어, 한 분야에서 실패하거나 좌절하더라도 그것이 자신을 파괴하지는 않을 것이라는 의미를 들 수 있다. 하나 이상의 세계에서 살아간다면 인생을 풍부하게 해줄 수 있는 사람들과 지속적으로 교류할 수 있다. 다른 사람들이 어떻게 사고하고 생활하고 일하는지에 대해 더 많은 것을 배우는 것이다. 그런 과정을 통해 한 인간으로서 자신에 대한 다른 통찰을 얻을 수 있다. 인생의 특정 부분에만 지나치게 의존하지 않는 다차원적 사람이 될 수 있다. 인생을 부분 부분의 조합이 아닌, 의미와 만족감을 가져다주는 일련의 지속적인 활동과 성취 그리고 책임으로 받아들이게 된다.

피터 드러커는 저술, 교육, 컨설팅이라는 세 가지 방면에 걸친 경력으로부터 힘과 열정 그리고 성취감을 얻었다. 그는 전 세계에 걸쳐 폭넓은 친구들을 두고 있었고, 직업상 많은 사람들과 교류했다. 그리고 그들에게 드러커는 소중한 멘토였다. 뿐만 아니라 그는 영리 조직과 비영리 조직 양쪽 분야에 대해 많은 저술을 남겼고, 컨설팅도 했다. 그가 해 온 일과 살아 온 인생은, 과로에 지치고 통제력을 잃은 듯한 오늘날의 지식 작업자들에게 위대한 역할 모델이 된다. 1장에서 우리는 하나 이상의 세계에서 살아가면서 얻을 수 있는 장점과 도전에 대해 생각해보고, 더욱 다면적인 삶을 살도록 도와줄 드러커의 기본 원칙에 대해 고찰해보도록 하겠다.

지식 작업자
The Knowledge Worker

"

지식 작업자로 하여금 자신이 기여를 하고, 성과를 내고, 자신의 가치에 충실하며, 자아 성취를 하고 있다고 느끼게 할 만한 요인이 일, 직무수행, 사회적 신분, 긍지 가운데 무엇인지에 대해 대처할 수 있는 사람은 지식 작업자 자신뿐이다.[2]

"

피터 드러커, 조셉 A. 마시아리엘로, 《매니지먼트 개정판》, 2008년

1950년대 후반, 즉 아이젠하워 시대가 끝나가고, 1960년대 사회에 많은 변화가 생겨나기 전, 드러커는 그들이 갖고 있는 지식을 이용해 일을 수행하고, 학습할 수 있으며, 그럼으로써 자신의 생산수단을 소유하고 스스로를 통제하는 새로운 계급인 '지식 작업자'의 출현을 확인했다. 지식 작업자는 지식을 휴대하며 어떤 특정 사용주나 산업에 의존하지 않는다.

드러커는 육체노동이나 비숙련 작업으로부터 벗어나 머리를 더 많이 활용하는 쪽으로 일의 중심이 이동되기 시작하는 것을 보았다. 그리고 그는 제조업에서 지식기반 노동으로 이동해 가면서 많은 고통스러운 변화가 수반되리라는 것을 일찌감치 꿰뚫어 보는 통찰력을 가지고 있었다. 그는 1946년 출판된《기업의 개념(Concept of the Corporation)》이라는 책에서 이러한 변화에 대해 암시적으로 언급했다. 이 책은 2년에 걸쳐 제너럴모터스의 내부 경영활동을 면면히 관찰한 내용을 바탕으로 쓴 것이다. 이 책에서 드러커는 이렇게 말했다. "제2차 세계대전을 치르는 동안, 그리고 종전 후 연구를 통해 알게 된 바로는, 과거의 자동차 공장은 끝났다는 것이다. 오늘날에는 컴퓨터화된 작업장이 많이 도입되었다."[3]

오늘날 지식 작업자는 컴퓨터와 정보기술 산업 분야에서 일하는 사람들, 교사, 의사 그리고 기타 건강관련 분야의 전문가, 과학자, 법률가, 사서, 성직자 그리고 대중매체 분야에서 일하는 사람들이다. 지식 작업자의 개념은 강력한 것인데, 왜냐하면 한 가지로 정의되거나 일정 그룹의 사람들에 한정되어 있지 않기 때문이다. 이 범주에 속하는 사람들의 일은 개인 컴퓨터, 인터넷 그리고 전자상거래가 등장하기 오래 전부터, 그러니까 드러커가 지식 작업자의 개념을 언급한 이래로 이미 중요한 것으로 떠올랐다.

드러커 저서의 독자들이 대부분 조직 관리자들이었음에도 불구하고, 드러커는 경영 분야를 넘어 저술 활동을 펼쳤으며, 그의 저술과 아이디어는 조직 관리자들뿐만 아니라 다른 모든 분야의 사람들에게도 중요하게 여겨졌다. 2008년에 출간된 《매니지먼트 개정판(Management : Revised Edition)》(1973년 처음 출간된 '바이블'이라 불리는 피터 드러커의 책 《피터 드러커의 매니지먼트(Management : Tasks, Responsibilities, Practices)》의 개정판)에는 처음 출간된 책에는 빠져있었던 개별 지식 작업자에 대해 강조되고 추가되어 있다. 개정판 후반부에는 '개인에 대한 새로운 요구들'이라는 제목이 붙어 있으며, '자기관리(Managing Oneself)'라는 제목으로 내용이 시작된다.

1939년에 쓴 《경제인의 종말(The End of Economic Man)》을 시작으로 이후 그의 저술활동은 30년 이상 걸쳐 지속된다. 드러커는 자신의 저서에서 개인적인 이슈보다 경영 조직과 사회적 이슈에 더 주력했다. 1967년 발간된 그의 주요 저서 《피터 드러커의 자기경영노트(The Effective Executive)》는 예외적으로 개인에 초점을 맞춰 저술되었지만, 그는 이 책에서조차 기업 조직의 경영자들은 조직에서 효율적이며 효과적인 경영을 해야 한다고 강조하고 있다. 잘못된 일을 효율적으로 하게 되면 비생산적인 결과를 가져온다. 그러나 1969년 출간된 《단절의 시대(The Age of Discontinuity)》에서 지식 작업자의 개념을 구체화하기 시작하면서 개인의 개발에 대해 구체적으로 다루고 더 많은 지면을 할애했다. 이 책에서 드러커는 "오늘날의 중심은 업무를 생산적으로 수행하기 위해 육체적인 스킬 또는 체력을 활용하기보다는 아이디어, 개념, 정보를 더 많이 활용하는 지식 작업자다"[4]라고 기술했다. 이 책이 처음 출판되었을 때, 보다 많은 사람들이 대학에 가기 시작했고 컴퓨터는 더 정교하게 발전했다. 책이 출판된 때와 같은 해에 인터넷의 씨앗이 심어졌다. 그로부터 얼마 지나지 않은 1975년에 마이크로소프트

사가 설립되었으며, PC 도입 초기에 지식 작업자의 개념을 확산하는 데 도움을 주었다. 오늘날 1960년대 후반을 돌이켜 생각해보고, 그 당시에 이러한 아이디어가 얼마나 진보적인 생각이었는가를 이해하기는 쉽지 않을 것이다.

나는 어떤 지식을 업무에 적용하는가?

만약 내가 한 가지 이상의 직업을 가지고 일을 한다면 각각 다른 지식을 적용해서 일을

하는가?

DRUCKER'S LIFE AND WORK 피터 드러커의 삶과 일

드러커의 아이디어가 지식 작업자들에게 강력한 힘을 가지고 영향을 미친 이유는 드러커

자신이 사람들에게 완전한 삶의 본보기를 보여주었기 때문이다.

오랜 세월 동안 그는 대학교수, 작가 그리고 컨설턴트로서 여러 가지 경력을 잘 수행하면서

복합적인 삶을 살았다. 그리고 자신의 기여를 통해 독자들이 각자의 삶을 사려 깊고

진지하게 생각해보며 살기를 바랐다.

드러커의 저술은 계속 진화했고, 그는 세상 여러 가지 사건에 대해 글을 쓰고 항상 현실과

관련이 있는 주제를 다루었으며, 세월이 흐르면서 인기는 더욱 높아졌다. 그는 경영과

관련된 글로 잘 알려져 있으나, 경영 분야의 글만 쓴 것이 아니라 사회 전반에 관련된 주제에

대해 저술했다.

피터 드러커의 비범한 삶

Peter Drucker's Extraordinary Life

> "
>
> 나는 지금 58세가 되었지만 앞으로 성장하면
> 서 무엇을 할 예정인지 아직 모르겠다. 내가 이
> 런 말을 하면 내 자녀들과 아내는 농담이라 생
> 각하겠지만 실은 그렇지 않다. 어느 누구도 그
> 들에게 인생은 범주화되어 있지 않다고 말해주
> 지 않는다.[5]
>
> "

피터 드러커(엘리자베스 홀의 글 중에서), 《오늘날의 심리학》, 1992년 우리가 피터 드러커의 비범한 삶을 그대로 답습할 수는 없지만, 그의 삶을 지침으로 삼을 수는 있다. 그의 개인적 삶에 얽힌 이야기는 아주 흥미로우면서도 기가 죽을 만큼 위대하다. 이 책 후반부에 소개하겠지만, 드러커와 그의 아내 도리스 드러커는 훌륭한 사람들로, 68년간 결혼생활을 했으며 네 명의 자녀와 여섯 명의 손자를 두었다. 드러커는 40권 이상의 책을 저술했고, 수많은 신문과 잡지 그리고 학술지에 기고한 경력이 있다. 또한 〈월스트리트저널〉에 오랫동안 칼럼을 썼으며, 〈월간 아틀랜틱〉이나 〈하버드 비즈니스 리뷰〉와 같은 저명한 잡지에도 기고했다. 2002년에는 부시 대통령으로부터 국가가 민간인에게 수여하는 최고의 훈장인 '대통령 자유 훈장(Presidential Medal of Freedom)'을 수여 받았다.

드러커가 공식적으로 강의를 그만둔 것은 2002년이었지만, 그는 1971년부터 2005년 타계하기 전까지 캘리포니아 클레어몬트에 있는 피터 F. 드러커 - 마사토시 이토 경영대학원에서 학생들을 가르쳤다. 1987년 이 대학원의 이름으로 피터 드러커의 이름이 사용됐으며, 2004년에는 드러커를 존경해 많은 기부를 한 이토의 이름이 추가되었다. 서문에서도 언급했듯이, 드러커는 영리 조직과 비영리 조직 분야 모두에서 선호하는 컨설턴트였다.

지금까지 자세히 설명한 내용을 보면 드러커가 크게 성공한 이유를 알 수 있고, 어떻게 하면 우리도 그와 같은 삶을 따를 수 있는가를 짐작할 수 있다. 그는 다양한 조직, 다양한 사람들과 함께 일하면서 다양한 삶을 살았다. 각각 다른 세상에서 살아가는 것은 서로 보완적 기능을 했는데, 드러커는 한 분야에 배운 것을 다른 분야에 적용했다. 조직에서 일한 자신의 경험은 반드시 책이나 기고문에 썼다. 또한 드러커는 기업체, 비영리 단체, 학계, 예술계에 걸쳐 폭넓은 교우관계를 맺고 있었다. 이처럼 우리는 다재다능한 사람들, 혹은 그러한 그룹과 폭넓게 교류할 필요가 있다.

드러커의 삶에서 나는 어떤 점을 배웠는가?

귀감이 되는 내용을 내 삶에 지금 바로 적용한다면 어떻게 할 수 있겠는가?

DRUCKER'S LIFE AND WORK 피터 드러커의 삶과 일

드러커는 제자들이 졸업한 후에도 그들과 오랫동안 교류해왔다. 많은 제자들이 그에게 전화하거나 방문했으며, 매년 11월 드러커-이토 경영대학원 설립 행사 때 열리는 동문의 날에는 더 많은 제자들이 그를 방문했다. 그는 생을 마감하던 해까지도, 졸업생들에게 수시로 전화를 걸어 어떻게 지내는지 안부를 물어보곤 했다. 졸업생들에게, 대학원 시절을 되돌아볼 때 그 당시에 배운 교육이 효과적이었는지 묻기도 했다.

다수의 세상들, 그리고 총체적인 삶의 목록 작성 시작

Multiple Worlds, and Beginning Your Total Life List

"

중년의 나이쯤 되었을 때 지식 작업자에게 중요
한 것은 회계사나 엔지니어로서의 역할이 아니
라 한 인간으로서 발전하고 성장했는가 하는
것이다. 만약 그렇지 않다면 회계사나 엔지니
어로서의 역할은 진부해지고 지루해질 것이다.[6]

"

"경영의 아이콘, 입을 열다 : 피터 드러커와의 인터뷰", 〈정보 관측〉, 2002년 2월 드러커가 자기개발 분야에서 가장 유명하다고는 할 수 없지만, 그의 책에서 중요하게 다뤄지는 주제가 자기개발인 것만은 분명하다. 그는 관리자들에게 조언할 때, 관리자는 전인적인 인간으로 발전해야 하며 자신이 관리하는 사람들도 그래야 한다고 조심스럽게 말했다. 다음 장들에서는 일을 할 때 자신의 내부에 있는 수월성과 작업자 품새(workmanship. 작업자의 기량과 프로의식을 혼합한 의미로, 작업자가 갖추어야 할 품새로 번역했다-옮긴이)를 의식하며 일하는, 소위 핵심역량들이 무엇으로 구성되어 있는지 살펴볼 것이다. 또한 다른 어떤 활동이 핵심적인 우수성에 적합한지 알아볼 것이며, 현재 하는 일과 병행하여 할수 있는 일을 찾아보고자 한다. 이러한 일은 미래에 새로운 주요 경력이 될 수 있다. 드러커가 오랫동안 활동적인 생활을 영위하고 항상 깨어 있을 수 있었던 원동력인 지속적 학습의 중요성에 대해서도 살펴보고자 한다.

학습과 밀접하게 연관이 있는 것은 가르침의 힘이다. 인생에서 남을 가르치는 활동은 많은 이득을 가져다준다. 드러커는 학생들에게 가르치는 내용을 비롯해 학생들로부터도 많은 것을 배울 수 있다고 했다. 학생들은 독특한 성향을 가지고 있으며, 그들의 삶과 경험으로부터 배울 점이 많다. 드러커는 뭔가를 가르치면서 어떤 주제에 대해 가장 잘 배울 수 있다고 자주 말했다. 남을 가르치는 일은 장래 경력으로 삼을 만한 이상적인 활동이 될 수 있는데, 예를 들면 교회나 다른 종교 기관에서 자원봉사로 가르치는 일을 하는 것이다.

하나 이상의 세계에서 사는 또 다른 방법은 관대함을 베풀며 다양한 삶을 사는 것이다. 많은 사람들에게 이는 비영리 단체에서 자원봉사를 통해 일하는 것을 의미한다. 또한 과거에 일을 하며 배운 기술을 활용하여 사회적 기업가가 되는 것을 의미하기도 한다. 어떤 사람들에게 관대함이란 영리 조직이나 비영리 조직에서 봉사하는 리더가 되는 것을 뜻한다. 봉사하는 리더는 자신의 욕구보다 자신을 따르는 사람들의 욕구를 먼저 고려하며, 그들이 임무를 완수할 수 있는 도구를 가지고 있는지 확인한다. 또 다른 사람들은 멘토링을 통해서 관대함을 베푼다. 총체적인 삶을 살기 위한 열쇠는 재미와 즐거움 그리고 성취감을 가져다주는 외부 세계에 대해 진지한 관심을 갖는 것이다.

현재 자신의 삶이 어떤지, 어디에 있는지 정직하게 현재 상황을 점검해 보면서 현재와 다른, 그리고 개선된 삶을 사는 방법을 찾아보라. 자신의 전체 삶이 어떤지 판단해보기 위해 브레인스토밍을 해보고, 교류하고 있는 사람들, 다양한 일과 일 이외의 활동들에 관한 목록을 작성해보라. 미래에 자신의 삶에서 교류하고 싶은 사람들이나 그 활동들에 대해 바라는 것과 목표를 작성해보라. 드러커는 "내가 아는 성공한 사람들은 무엇보다도 충분히 생각할 시간을 갖도록 스스로 연마해 가고 있다"[7]고 말했다. 이런 방식으로 자기점검을 하기란 쉽지 않다. 드러커는 사고하는 일은 고된 작업이며, 많은 사람들이 그것을 중요하게 여기지 않거나 진지하게 실행하지 않는다고 여겼다. 각 장의 마지막 부분에 있는 '총체적인 삶의 목록을 만들기 위한 힌트'에서 실습을 해보도록 하겠다. 그러한 작업을 이 책 전체를 통해 계속해서 해보고, 책을 읽고 난 후에도 지속적으로 해볼 필요가 있다.

더욱 다양한 삶을 살아가기 위해 도움을 받을 수 있는, 지금 바로 연락할 만한 친구나
멘토가 있는가?

새로운 삶의 방향을 찾거나 목표를 설정하는데 도움을 받기 위해 지금 연락할 만한
사람이 있는가?

드러커 인생에서 드러난 예술이나 음악에 대한 이해와 문학과 역사에 대한 사랑과 같이,
그의 글이나 가르침 속에는 외부에 대한 많은 관심이 녹아들어 있다.

그는 일본문화에 일가견이 있는 전문가였으며, 포모나대학교(Pormona College)에서는
경영학을 가르치는 동시에 여러 해 동안 일본문화에 대한 강의를 했다.

타인에게 주는 혜택

The Benefit to Others

"

지식 작업자들은 가능하다면 아직 젊을 때 지
역사회에서 자원봉사를 하거나, 지역 오케스트
라의 단원이 되어 연주를 하거나, 지역 자치정
부 활동에 적극적으로 참여하는 등의 경쟁 없
는 삶을 살고, 자기 자신 나름의 공동체를 개
발하며, 외부에 대한 진지한 관심을 키워갈 필
요가 있다.[8]

"

피터 드러커, 조셉 A. 마시아리엘로, 《매니지먼트 개정판》, 2008년

한 가지 이상의 세계에서 사는 것은 전문직에서 일하는 많은 사람들에게 훌륭한 전략이 될 수 있다. 다양한 영역 각각에서의 가능성들을 고려해보라. 많은 어려움과 장애가 있을 것이라는 것을 염두에 두면서도 자신만의 다양한 대안들을 지속적으로 생각해 보라. 이런 종류의 삶은 보람이 있지만 시간과 노력이 든다. 도중에 좌절감을 느끼는 시기도 필연적으로 오겠지만, 한 가지 세상에서만 살아도 그러한 좌절은 어쨌든 겪을 것이다.

인생에 다른 부문을 추가하면 많은 이점이 생긴다. 드러커는 비영리 조직에서 자원봉사를 하면 현재 직업에서는 찾을 수 없는 리더십을 경험할 기회를 얻을 것이라고 자주 언급했다. 전문 조직이나 단체에서 일을 하면서 리더십을 발휘할 수 있는 기회도 만들고 업무와 관련된 성취감도 키울 수 있다. 이렇게 현재 직업과 병행하여 한 가지 영역 이상에서 경력을 쌓으면서 다양한 기회를 얻을 수 있다. 전문 단체들은 위원회나 연례행사 등과 관련하여 전문성을 가진 사람들을 절실하게 필요로 한다. 따라서 직업에도 도움이 되고 다른 사람들에게도 도움을 주면서, 자신을 한 개인으로 성장시키고 또한 전문가로 발전시킬 수 있다.

드러커는 사람들이 비영리 조직에서 더 많은 책임을 요구하는 일을 하려는 주요 이유가, 자신이 하는 일을 진정 중요하게 여기기 때문이며, 또 스스로 중요한 사람이 될 수 있는 기회를 추구하기 때문이라고 말했다. 이것은 지식 작업자들뿐만 아니라 그들 가족에게도 중요하다. 왜냐하면 자신의 가치와 자존감을 높여주기 때문이다. 이러한 일은 매일 하는 일보다 더 많은 성취감을 가져다준다. 자신이 한 노동의 결과를 더 쉽게 볼 수 있고, 자신의 선택에 대한 확신을 더해주기 때문이다. 또한 자신이 가지고 있는 또 다른 개성이나 재능을 다른 영역에서 일하면서 발휘할 수 있는 기회가 되기 때문이다.

하나 이상의 세계에서 살면서 얻는 그밖의 가시적 이점들로는 다음과 같은 것들이 있다.

- 미래를 준비하면서 현재 생활을 더욱 완전하게 할 수 있는 동시에, 미래에 대한 강박에서 벗어날 수 있다. 다양한 분야에서 살면서 과거의 실수를 돌이켜보거나 후회하는 일을 줄일 수 있다. 그리고 미래의 삶을 창조하기 위해 어떤 행동을 해야 할지 알게 된다.
- 다양한 분야에서 활동하면서 삶에 대한 목적, 의미 그리고 성취감을 강화할 수 있다. 그리고 삶의 목적, 의미와 성취감을 높이는 데 도움이 되는 사람들이나 활동에 초점을 맞추어 시간을 보낼 수 있다.
- 다른 사람들을 위한 삶을 사는 데 긍정적으로 도움이 되는 활동을 신중하게 선택하게 된다.
- 그리고 보너스로 지루함도 느끼지 않게 될 것이다.

드러커는 인간적인 면모가 강했다. 그는 타인들에게 주목하며, 그들에게 관심을 보이고, 외부 세계에 관심을 가지면서 전 생애를 통해 자신을 더 바람직한 인간으로 만들었다. 이러한 면모는 그의 오랜 삶이 끝날 때까지 유지되었다. 이처럼 드러커가 보여준 타인에 대한 지속적 관심과 진지한 감사의 표현은 높이 주목할 만하다. 우리들 대부분은 감사해야 할 일이 많음에도 불구하고, 만나는 많은 사람들에게 감사를 표하는 경우가 드물다.

내가 하고 있는 일을 통해 누가 혜택을 보는가?

현재 나의 직업이나 자원봉사로 인해 어떤 식으로든 혜택을 얻는 사람들은 누가 될까?

DRUCKER'S LIFE AND WORK 피터 드러커의 삶과 일

다양한 세상에 살면 살수록 네트워킹을 할 기회는 더 많아진다. 또한 다양한 세상이 서로 보완되는 것을 배울 수 있다. 드러커는 저술을 통해 배운 내용을 강의나 컨설팅 분야에 적용했다. 그는 컨설팅 업무를 자신의 아이디어를 만들기 위한 실험실로 삼았고, 강의나 저술활동 또는 컨설팅을 하면서 다양한 사람들과 만나고 교류했다. 선별적으로 제한된 수의 컨설팅을 통해 만난 많은 사람들은 나중에 그의 친구로 남게 되었으며, 60년 동안 매 학기 그의 학생들이 되었다.

자기관리의 도전들
The Challenges of Self-Management

"

실제로 자기 자신을 관리한다는 것은 모든 지
식 작업자가 최고 경영자처럼 생각하고 행동할
것을 요구받는 것과 다름없다.[9]

"

피터 드러커, 《클래식 드러커》, 2006년

앞의 인용구는 그저 지나가는 말로 하는 것이 아니다. 당신이 지식 작업자로서 당신 삶에 대한 최고 경영자인 것처럼 스스로를 생각한다면, 자신에게 좋은 것뿐만 아니라 그 이상의 것을 고려하여 의사결정을 하고 행동을 해야 한다. 당신의 생각이 동료들이나 조직 그리고 주주, 가족, 친구들에게 어떤 영향을 미치며 어떤 의미를 주는지에 대해 폭넓게 생각해야 하는 것이다.

드러커는, 자기관리는 인간과 관련된 문제에 있어서 혁명적인 것이라고 자주 주장했다. 그리고 이 혁명이, 기술이 가져온 변화보다 훨씬 더 강력하다는 것을 역사가 증명할 것이라고 믿었다. 과거에는 직업 안에서 또는 직업 사이에 이동하는 일이 드물었고, 인간의 수명이 짧아 자기관리가 필요하지 않았다. 그러나 이제는 사람들이 과거보다 더 오래 살고, 조직의 수명은 과거만큼 길지 못하다.

그렇다면 드러커가 말한 자기관리는 무엇을 의미하며 자기관리가 하나 이상의 세계에서 사는 것과 어떤 관련이 있는가? 조직 관리가 지속적이고 광범위하게 이루어지듯이, 드러커는 자기관리도 자기 주도 하에 지속적으로 이루어져야 한다고 생각했다. 무엇보다 자기관리를 위해서는 자신에 대한 인식과 어느 정도의 자기성찰이 필요하다고 여겼다. 1999년 발간된 《21세기 지식경영(Management Challenges for the 21st Century)》의 '자기관리(Managing Oneself)'라는 장에서 드러커는 자기관리의 중요성에 대해 아래와 같은 내용을 강조했다.

1. 자신의 가치관, 강점, 업무습관에 대한 지식 습득하기
2. 조직 내 어떤 부문에서 일을 해야 할지 그리고 어떤 조직이 자신에게 맞는지 찾기
3. 자신의 일이나 세상에 어떤 기여를 할 것인지 결정하기

4. 관계에 대해 책임지기

5. 인생 후반부에 대한 계획세우기[10]

자신을 관리하고 하나 이상의 세계에서 사는 것에 대해 생각하다 보면 주눅이 들 수도 있다. 많은 사람들은 이것을 당장 시작할 수 있는 일이라기보다 미래의 목표나 단순한 희망사항으로 생각할지도 모른다. 그러나 이것을 앞으로 해야 할 것 또는 조금씩 시도해야 할 것으로 생각해보라. 그렇지만 함정도 고려해야 한다. 다양한 활동을 하다 보면 한 가지 활동에 깊이 없이 접근하여 삶의 중요한 부분에 충분한 주의를 기울이지 못할 수 있다. 때로는 더 많은 돈을 벌 수도 있지만, 오히려 한 가지 직업이나 경력에 100퍼센트 집중하지 않아서 돈을 덜 벌게 될 수도 있다. 자신이 활동하는 다양한 분야에서 새로운 사람들을 알게 되는 것은 멋진 일이지만, 많은 사람들에게 시간과 주의를 분산하게 된다. 가장 어려운 점은 다양한 분야에서 활동하는 데 필요한 시간을 확보하지 못한다는 것이다.

현재나 미래에 어느 누구도 살지 않는 세계는 완벽하거나 이상적인 세계일 것이라고 생각할 만한 가치가 있다. 우리는 현재 가지고 있는 것을 최대한 활용하고 중요하게 여겨야 한다. 물론 새로운 모험(Venture)을 시작하기 위한 최적의 시간을 기다리거나 우리 삶에 새로운 사람을 추가하려고 할 때 뜻대로 되지 않을 경우도 맞닥뜨리게 된다. 하지만 우리의 개인적인 변환에 도움을 주기 위해서는 불완전한 세상을 활용하는 것이 더 낫다.

현재 하는 일과 병행하여 새로운 경력을 개발하거나 추가로 외부 활동을 하려고 할 때

나의 강점이 약해지겠는가?

나의 삶에서 오랫동안 하기를 원했지만 내가 원한대로 되지 않은 경험이 있는가?

만약 그랬다면 그런 경험에서 어떤 교훈을 얻을 수 있는가?

가끔 인생에서 새로운 영역의 일이 계획한 대로 잘되지 않는 경우가 있다. 드러커도 그런

경험을 한 적이 있었다. 그는 오랫동안 소설을 쓰기를 원했고, 70대 때 두 편의 소설

《모든 가능한 세계의 최후(The Last of All Possible Worlds)》(1982)와 《잘하고 싶은

유혹(The Temptation to Do Good)》(1984)을 발표했다.

하지만 두 편 모두 판매가 부진했고 서평도 냉담했으며 지금은 더 이상 출판되지 않고

있다. 2003년 클레어몬트에 있는 드러커의 자택에서 인터뷰할 때, 나는 그에게 소설을

다시 쓸 것인지 물었다. 그는 가슴에 사무치듯 이렇게 대답했다. "이미 결정했어요.

더 이상 쓸 생각이 없습니다. 나는 소설을 쓰기 전에 여러 해 동안 그 두 소설의 인물들과

살아왔어요. '지금은' 그 인물들과 같이 살지 않습니다."[11]

외부에 대한 관심
Your Outside Interests

"
'빈둥거리기'는 쉬우나 '여가 즐기기'는 어렵다. [12]
"

피터 드러커, 《사람과 성과》, 1977년

일하지 않는 시간을 최대한 활용하는 것은 도전적인 일이다. 하지만 일하지 않는 시간을 그저 피동적으로 보내버리기는 매우 쉽다. 드러커가 오랫동안 꾸준히 활동을 지속할 수 있었던 것은 외부에 대한 관심과 현재 하고 있는 일 사이에 균형을 잘 유지했기 때문이다. 드러커는 하나 이상의 세계에서 활동하기 위해서는 현재 하고 있는 일 이외에 재미를 느끼는 것에도 깊은 관심을 가지는 것이 매우 중요하다는 것을 알았다.

드러커가 예술과 음악 그리고 문학과 역사 등 외부에 느꼈던 많은 흥미는 그의 저술과 강의에 녹아들어 있다. 외부에 대한 관심을 현재 하고 있는 일과 연결시킬 수 있는지의 여부와 상관없이, 일을 떠나서 자기 시간을 설정해보는 것은 중요하다. 다양한 관심을 가지면 균형 잡힌 삶을 사는 데 도움이 되며, 더욱 흥미 있는 사람이 될 수 있다. 또한 창의력이 자극받아 인생의 모든 부분이 풍요롭고 윤택해진다. 자기개발을 위해 본업 이외에도 드러커의 아이디어를 실현해볼 수 있는 영역이 많이 있다.

현재 하고 있는 일이 매우 중요한 만큼, 우리는 온전한 성취감을 맛보기 위해 그 일에 너무 많은 압박을 가하게 된다. 그러나 자원봉사나 가르치는 일처럼 삶의 다른 영역에서도 또 다른 성취감을 얻을 수 있다. 많은 경우 외부에 대한 흥미를 통해 얻은 성취감이나 기쁨이 원래 하던 일을 통해 얻는 것과는 다른 행복감을 주는데, 특히 현재 하고 있는 일이 단조롭고 지루하게 느껴질 때는 더욱 그렇다. 드러커는 일에서 만족감을 얻길 기대하는 것에는 긍정적인 측면과 부정적인 측면이 있다는 점에 주목했다. 많은 사람들은 외부에 대한 관심과 자신들의 경력을 잘 연계시킬 수 있다는 것을 알고 있다. 예를 들면 자신의 음악에 대한 지식과 열정을 활용해 병행 직업으로서 음악 교사나 밴드 연주자로 활동할 수 있다.

혹 예술에 재능이 있는 사람들은 거주 지역의 갤러리에서 자신의 예술 작품들을 전시할 수 있을 것이다.

드러커는 그의 저서 《21세기 지식경영》에서 자기관리의 핵심은 가능하면 경력 초반에 제2의 관심 분야를 개발하는 것이라고 말했다. 그는 단순한 취미와 진지한 관심사를 구분했다. 드러커는 사회적 기업가로 활동하거나 자원봉사에 참여하는 것처럼 다른 영역에서 제2의 경력이나 직업과 병행할 수 있는 일을 가질 수 있다고 생각했다.

매일 매일의 업무를 수행하는 것 이상으로, 직업은 아니지만 자신에게 즐거움이나 만족감을 가져다주고 자존감과 성장감을 고양시켜주는 일에 주의를 기울이는 것이 중요하다. 나아가 이런 활동을 통해 추가로 리더십을 기를 수 있다는 것에 관심만 둘 것이 아니라, 자기 자신을 위해 이런 활동에 참여할 필요가 있다. 드러커가 자주 언급했듯, 외부에 대한 관심은 사는 동안 필연적으로 겪는 실망감이나 좌절감을 경감시켜준다. 이런 활동은 시간을 잘 보낼 수 있도록 자극을 줄 뿐만 아니라 성취감과 만족감을 가져다주며 가족이나 업무상 만나는 동료들 외의 다른 사람들을 만날 수 있는 기회를 만들어준다.

하나 이상의 세계에서 살 때 얻을 수 있는 여러 가지 경험과 마찬가지로, 새롭고 다양한 사람들과 만나고 교류하는 것도 중요한 이점을 가져다준다. 드러커는 그의 저서 《비영리 단체의 경영(Managing the Non-Profit Organization : Practices and Principles)》에서 "조직에서 일하는 사람들은 외부에 대한 관심을 가지고 사람들을 만나며, 자신이 속해 있는 세계에만 전적으로 몰두하며 살지 않는 것이 중요하다. 왜냐하면 모든 세계는 작은 세계이기 때문이다"[13]라고 했다. 1952년 드러커는 〈포춘〉 지에 '훌륭한 직원이 되는 법(How to Be an Employee)'이라는 이상론에 입각한 재미있는 글을 기고했다. 이 글은 대학교 졸업식 연설을 위해 썼으나 실제로 연설에 쓰이지는 않았다(이 글은 이후 1977년에 출간된 저서 《사람과 성과 : 피터 드러커의 경영 베스트(People and Performance : The Best of Peter Drucker on Management)》라는 책에 재수록되었다). 이 글은 일과 경력 관리를 수월하게 하기 위한 소중한 조언을 담고 있을 뿐 아니라, 회색 양복을 입고 근무하며 조직인간을 강조하던 권위주의적인 시대에 이미 외부 활동에 관심을 가져야 한다고 조언하고 있다. 드러커는 "소속된 회사에 모든 것을 바쳐야 하는, 우리가 살고 있는 '종업원 사회'의 사람들은 외부 직업에 대해 진지한 관심을 가져야 한다"[14]고 언급했다. 드러커가 지식 작업자의 등장을 예측하기 훨씬 전에 이미 그런 생각을 했다는 점에 주목할 만하다.

드러커는 일생 동안 때때로 책이나 기고문에서 외부 활동에 대한 주제를 다루었는데, 이것은 그가 50년 이상 이 주제에 대한 글을 썼다는 것을 의미한다. 그는 1952년에 쓴 기고문에서, "자신에게 중요하다고 생각하는 것을 스스로 선택하고, 그 분야에서 대가가 되지는 못하더라도 최소한 수준급의 아마추어가 될 수 있도록 하라"[15]고 권고한다. 그는 역사를 공부하거나 작곡, 가구 제작 또는 다른 취미생활을 하라고 조언하고 있다.

중요한 것은 관심이 가거나 즐거움과 만족감을 주는 것 중 하나 이상의 무언가를 선택해야 한다는 점이다. 이 책에서는 이를 실천할 수 있는 몇몇 방법에 대해 더 자세히 다룰 예정이며, 5장에서는 남을 가르치는 것과 학습하는 것에 대해 다루고, 4장에서는 자원봉사에 대해 살펴볼 것이다. 예를 들어 외부에 대한 자신의 주요 관심사가 작곡하는 것이라면, 이 분야에 대해 지속적인 훈련을 받거나 공부를 하며, 취미 삼아 남을 가르치고 레슨을 해도 좋을 것이다. 그림이나 조각 또는 다른 예술 분야에 관심이 있다면 이와 같은 방법을 시도할 수 있다. 독서나 글쓰기에 관심이 있다면, 가르치는 것과 학습하는 것이 이 두 분야와 관련된 분야에서 자신의 관심과 능력을 개발하는 데 중요한 요소가 될 것이다.

시간관리와 우선순위 결정(2장)이나 미래계획 수립(3장)과 같이 앞으로 다루게 될 내용들을 스스로 외부 관심사를 찾는 데 이용할 수 있다. 가장 어려운 점은 시간을 만들어 내는 것이다. 여러분이 한 가지에만 지나치게 집중하여 거기에 매이지 않고 총체적인 삶을 사는데 초점을 맞춘다면, 본인 재량으로 시간을 찾아 활용하는 것이 더 쉬워질 것이다.

나는 여가 시간을 최대한 잘 활용하여 무엇인가를 배웠는가?

공식적인 수업이나 레슨을 받았는가?

나의 삶에서 직업 이외의 분야에서 전문가가 되거나 수준급 아마추어가 될 만한

분야가 있는가?

DRUCKER'S LIFE AND WORK 피터 드러커의 삶과 일

드러커는 외부에 대한 관심사를 자신의 삶과 통합했다. 독서에 대한 사랑, 폭넓은

여행, 그리고 역사, 문학, 음악, 예술, 철학, 종교를 공부한 것은 그의 저술이나 강의에

잘 반영되었다. 그는 인간하이퍼링크(마치 뛰어난 데이터 파일 연결 기술을 가진)

같아서, 많은 원리들을 한 단락에 간결하게 인용했고, 많은 학문지식들을 한데 묶어

이치에 닿게 만들었으며 자신의 견해를 잘 전달할 수 있었다.

드러커가 자신의 외부 관심사를 일과 통합하는 데 활용했던 또 다른 방법은

컨설팅이었다. 그는 고객들이 컨설팅을 받기 위해 클레어몬트를 방문할 때, 고객들을

밖으로 데리고 나갔다. 클레어몬트는 로스앤젤레스에서 60킬로미터가 채 안되는

거리에 있었기 때문에, 재미와 교육을 조화롭게 하기 위한 다양한 세팅들을 활용할 수

있었다. 고객들이 며칠간 클레어몬트에 머무는 경우에는 하루는 박물관에 데려가고,

그 다음 날은 LA 다저스 야구장에, 저녁에는 LA 필하모닉 악단의 연주회에 데려갔다.

이런 다양한 문화적 감각은 우리가 독자적으로든, 가족, 친구, 동료들과 함께든

우리들의 삶에 적용해 볼 수 있다.

성숙함과 당신의 외부에 대한 관심
Maturity and Your Outside Interests

"

회사에 가장 큰 기여를 하는 사람이 성숙한 사
람이다. 직업 이외에 외부에 대한 관심이 없거
나 다른 삶이 없는 사람은 성숙해질 수 없다.[16]

"

피터 드러커, 《사람과 성과》, 1977년

음악에 대한 드러커의 관심을 보면 외부에 대한 관심이 자신의 주된 일에 얼마나 큰 영향을 미치는지 잘 알 수 있다. 인터뷰에서 경영과 경력 개발에 대해 설명할 때, 드러커는 브람스의 곡을 연주하는 오케스트라 단원의 예를 들어 설명했다. 그는 오케스트라 지휘자를 조직 관리자에 비유했다. 2장에서 설명하겠지만, 베르디의 오페라 〈팔스타프(Falstaff)〉는 드러커가 평생 추구해온 수월성과 완벽성을 상징한다.

드러커는 《피터 드러커의 자기경영노트(The Effective Executive)》에서 모차르트의 예를 들어 한 번에 여러 가지 일을 하는 것에 대한 위험성에 대해 설명했다. 유명한 작곡가들 중 유일하게 모차르트 같은 천재만이 동시에 두 가지 작품을 작곡할 수 있었고, 그의 작품은 아직까지 모두 대작으로 평가받고 있다. 바흐나 헨델 같은 작곡가는 한 번에 한 가지 작품만 작곡할 수 있었다. 이 사례가 기업 경영자들에게 주는 교훈은 "경영자들은 모차르트처럼 여러 가지 일을 동시에 수행할 수 없으므로 한 번에 한 가지씩 처리해야 한다"[17]는 것이다.

드러커는 무슨 주제든 정기적으로 독서를 하는 것이 중요하다고 강조했다. 그는 왕성한 독서열을 가지고 있었고, 그 열정은 평생 동안 도움이 되었다. 이 교훈을 통해 우리는 다음과 같은 질문을 자신에게 해볼 수 있다. 당신은 시간을 어떻게 보내며, 마음의 양식을 쌓기 위해 무엇을 하는가? 드러커는 모든 시대의 위인들로부터 기꺼이 교훈을 얻고자 했으며, 이것은 누구나 따라할 수 있는 좋은 본보기이다. 그는 경영 서적보다는 성경이나 자신이 가장 좋아했던 제인 오스틴 같은 작가의 소설을 더 자주 읽었다.

드러커가 모차르트의 사례에서 교훈을 얻었듯이, 당신도 예술 분야에서 이와 같은 유사한 사례를 찾을 수 있는가?

독서 또는 역사, 예술 또는 다른 주제에 대한 자신의 경험이 주된 업무를 하는 데 도움이 되거나 교훈이 된 적이 있는가?

DRUCKER'S LIFE AND WORK 피터 드러커의 삶과 일

외부에 대한 드러커의 가장 큰 관심사는 예술이었다. 그는 예술가는 아니었지만 예술을 공부했고, 예술에 대한 글을 썼으며, 일본 예술작품을 수집하고 클레어몬트대학교에 속하는 포모나대학교에서 일본 예술에 대한 강의를 하기도 했다.

그와 그의 아내 도리스 드러커는 68년 동안 일본 예술의 중요한 컬렉션인 '산소 컬렉션 (Sanso Collection)'을 수집했고, 전시를 보기 위해 여행을 떠났다. 24세의 드러커가 런던에서 일할 무렵인 1934년 6월, 비를 피하기 위해 우연히 버링턴 아케이드에 들어갔다가 마침 열리고 있던 전시를 운 좋게 볼 수 있었다. 그는 두 시간 동안이나 몰두해 구경하고는 이후 평생 동안 일본 예술에 빠져들게 되었다. 그는 '산소 컬렉션'의 일본판 카탈로그에 다음과 같이 썼다. "나는 새로운 예술 세계를 발견했을 뿐만 아니라, 나 자신도 발견했다. 나는 감동을 경험했으며, 이 작은 감동은 순수하고 깨우침을 주는 것이었다."[18]

드러커가 일본 사람의 삶과 예술에 보였던 깊은 관심은 그의 평생 경력에서 중요하게 그를 각인시키는 특성들 중 하나가 되었다. 그의 일본 예술에 대한 깊은 관심은, 일본인들이 피터 드러커에게 오랫동안 깊은 관심을 보임으로써 보답을 받았다.

활력과 건강 유지하기

Keeping Active and Healthy

"

당신 자신만이 자신의 건강을 지킬 수 있다. 이
는 새삼스러운 말이지만, 오래된 지혜이기도 하
다. 서양 의학의 선구자, 히포크라테스는 샘물
만 마시고 일찍 잠자리에 들었으며, 음식을 적
게 먹고 매춘을 하지 않았다. 또한 기름진 음
식은 먹지 않았다. 하지만 사람들은 히포크라
테스의 말을 절대 듣지 않았다. 왜냐하면 그에
게 수업료를 지불하지 않았기 때문이다.[19]

"

〈포브스 ASAP〉, 1993년 3월 29일

드러커는 나이가 들어서도 훌륭한 건강 상태를 유지했다. 그가 장수할 수 있었던 이유 중 하나는 아내 도리스가 정해놓은 일상생활의 규칙을 유지했기 때문이다. 도리스 드러커는 정기적으로 운동하고, 90대 중반인 지금까지도 테니스를 친다. 단지 90대 초반에 하이킹을 그만 두었을 뿐이다. 규칙적으로 운동을 하고 몸을 관리하는 것은 하나 이상의 세계에서 살기 위한 가장 중요한 요건이다. 다양한 영역에서 활동하기 위해서는 현재 하는 일과 그 외의 일을 하는 데 필요한 에너지를 생성하고 체력을 유지하는 것이 필수다. 정신적·체력적으로 에너지가 고갈되면 하고 싶은 일에 몸과 정신을 집중할 수 없다. 다행히 오늘날 지식 작업자들은 자신의 건강과 체력을 기를 수 있는 기회가 많다. 일부 회사는 체육 시설을 저렴하게 이용할 수 있도록 이용권을 제공한다. 요즘은 요가와 명상을 비롯해 알렉산더 테크닉(Alexander Technique)과 같이 몸과 정신을 개발할 수 있는 강좌들이 발달했고, 개인 지도 강사들도 많이 있다. 알렉산더 테크닉은 대중적인 프로그램은 아니지만, 잘못된 자세를 고치고 몸을 바르게 사용할 수 있도록 도와주기 때문에 신체를 생산적으로 활용하는 데 많은 도움을 준다. 이런 것은 배우나 가수 또는 음악가들에게 특히 도움이 된다(더 자세한 사항은 www.alexandertechnique.com에서 살펴볼 수 있다).

나는 과거에 어떤 신체적 활동을 하면서 기분을 전환하고 체력을 키웠나?

신체적 활동이나 운동 또는 건강관리를 통해 일상생활에 어떤 변화를 가져올 수 있을까?

DRUCKER'S LIFE AND WORK 피터 드러커의 삶과 일

드러커는 육체적·정신적 건강을 유지하기 위한 조언을 많이 하지는 않았지만, 그가 장수할 수 있었던 가장 큰 비결 중 하나는 적극적인 운동과 레저 활동이었다.

그는 오랜 세월 동안 정기적으로 집 뒤에 있는 수영장에서 수영을 했으며, 무릎이 약해지기 전까지는 속보와 등산, 하이킹을 매우 좋아했다.

1장 질문 요약

지식 작업자 - 업무에 어떤 지식을 적용하고 있는지 생각해보라. 한 가지 이상의 일을 하고 있을 경우 각각 다른 지식을 적용해서 일하고 있는지 생각해 볼 필요가 있다.

피터 드러커의 비범한 삶 - 피터 드러커의 삶에서 무엇을 배웠으며, 어떻게 적용할지 생각해보라.

다수의 세상들, 그리고 총체적인 삶의 목록 작성 시작 - 다양한 삶을 사는 데 도움을 줄 수 있는 사람들이 있는지 생각해보라.

타인에게 주는 혜택 - 내가 하는 일을 통해 누가 이익을 얻을 수 있는지 생각해보고, 더 많은 사람들이 혜택을 볼 수 있는 방법을 생각해보라.

자기관리의 도전들 - 자신의 힘을 다른 영역의 활동에 활용할 것인가를 생각해보라. 그리고 과거에 좌절했던 경험이 현재에 값진 경험이 되었는지 생각해보라.

외부에 대한 관심 - 업무 이외의 시간을 가장 잘 활용하기 위해 무엇을 하고 있는지 생각해보라. 당신은 공식적인 레슨이나 수업을 듣고 있는가.

성숙함과 당신의 외부에 대한 관심 - 드러커는 문학이나 음악에 대한 관심과 사랑을 자신의 삶과 어떻게 조화하여 활동했는가. 당신도 그렇게 할 수 있거나 하고 싶은 분야가 있는가.

활력과 건강 유지하기 - 체력이 없어 다른 분야에서 활동하는 데 방해가 된다고 생각한다면, 신체활동이나 운동을 통해 자신의 일상생활을 변화시킬 방법을 생각해보라.

내용 요약 & 다음 단계

이 장에서는 하나 이상의 세계에서 살기 위한 기초를 다졌다. 그리고 다음 내용을 배웠다.

- 드러커가 말한 지식 작업자의 개념과 이 범주에 속하는 사람들.
- 피터 드러커의 삶이 우리에게 어떤 지침이 되며 어떤 자극을 주는가.
- 자기개발은 다양한 세계에서 사는 것과 어떤 관련이 있는가.
- 다차원적 삶을 살면서 얻는 이점을 포함하여, 타인에게도 이익이 되는 관심사 개발하기.
- 자기관리의 정의는 무엇이고, 자신을 자기 삶의 최고 경영자라고 생각해야 하는 이유.
- 외부에 대한 관심이 삶의 모든 부분에 어떤 자극과 자양분을 주는지에 대한 이해.
- 성숙한 사람으로 성장하기 위해 외부에 관심을 가지는 것의 중요성.
- 완전한 삶을 살기 위한 체력과 정신 건강의 필요성.

2장의 '핵심역량을 개발하라'에서는 하나 이상의 세계에서 더욱 완전한 삶을 사는 데 도움을 주는 도구에 대해 살펴본다. 더불어 자신의 개인적 수월성과 성취감 강화, 우선순위 결정, 그리고 자기성찰의 힘에 대해 배운다.

총체적인 삶의 목록을 만들기 위한 힌트

총체적인 삶의 목록을 만드는 것은 시간이 걸리기 때문에, 이를 지속적으로 해야 할 활동으로 생각해야 한다. 페이스북(Facebook)이나 링크드인(LinkedIn) 같은 사회적 네트워킹 사이트에서 활동하고 있다면, 이미 총체적인 삶의 목록을 일부 만들고 있는 것이다. 아래 내용은 활동을 시작하고 지속적으로 추가하는 데 도움을 주는 내용이다.

목록

1. 직계 가족(현재와 미래)

2. 직계 가족 이외의 친척(현재와 미래)

3. 가까운 업무상 동료들(사무실에서 자주 교류하는 사람들)
   (현재와 미래 목표)

4. 친구(현재와 미래 목표)

5. 업무상 만나는 다양한 사람들(현재와 미래 목표)

6. 현재 회사와 관련된 다양한 장소와 현재 하고 있는 직무에 대한
   (간략한) 설명(현재와 미래 목표)

7. 업무상 관련 있는 전문 단체와 학회(현재와 미래 목표)

8. 지속적인 학습활동(현재와 미래 목표)

9. 남을 가르치는 일(현재 하고 있다면)(현재와 미래 목표)

10. 자원봉사 활동(현재와 미래 목표)

11. 비영리 조직 또는 사회적 기업가로서의 일(현재와 미래)

12. 멘토링(현재와 미래 목표)

13. 모든 종류의 외부 관심사. 스포츠 리그, 아마추어 동호회 활동, 종교적·정신적 활동이나 스터디, 독서 모임, 글쓰기, 예술, 음악연주 같은 창작 분야(현재와 미래 목표)

14. 운동, 기타 몸과 마음 훈련(현재와 미래 목표)

위에 언급한 카테고리 안에서 미래 목표를 수립하기 위해 과거의 소중한 사람이나 활동과 관련된 내용, 미래에 하고 싶은 내용을 포함해도 좋다. 이는 교류가 단절된 친척들이나 친구들과 다시 교류하거나, 하다가 중지한 활동을 다시 시작하고 새로운 배움의 기회를 찾는 데 도움이 된다.

이 목록은 자신의 방식대로 구체적이고 간단하게 혹은 정교하게 만들 수 있다. 종이에 쓰거나 컴퓨터를 활용해 만들어도 좋다. 이렇게 만든 목록을 가능한 자주 들여다보면 자신의 삶에 대한 인식을 새롭게 할 수 있고, 변화를 시도하거나 뭔가 수정하고 싶은 부분을 결정하는 데 도움이 된다. 당신은 이 책을 읽으면서 자신이 만든 목록에 새로운 항목을 추가할 수 있다.

여기서 여러분이 직접 만든 목록과 페이스북(Facebook)이나 링크드인(LinkedIn)과 같은 사이트에서 만들어진 목록의 가장 큰 차이점은, 이 항목을 다른 사람들과 공유하지 않는다는 것이다. 이렇게 만든 목록은 개인적으로 자기개발을 하는 데 중요한 도움이 된다.

2

핵심역량을 개발하라

Developing Your Core Competencies

"

리더십은 생산자 또는 공급자의 특별한 능력을

시장과 고객의 가치와 융합하는 핵심역량에 달

려있다.[20]

"

피터 드러커, 조셉 A. 마시아리엘로, 《매니지먼트 개정판》, 2008년

핵심역량이라는 개념은 원래 조직 차원에서 쓰이다가 점점 개인에게 적용되었다. 핵심역량이란 한 조직이 다른 조직보다 더 잘할 수 있는 것 또는 독특한 경쟁우위를 제공해 주는 능력을 의미하는 것으로, 1990년대 초에 소개된 이후 비즈니스 세계에서 통상적인 용어가 되었다. 이 용어는 1990년 개리 하멜과 C. K. 프라할라드가 〈하버드 비즈니스 리뷰〉에 '기업의 핵심역량'이라는 논문을 발표하면서 처음 사용되었는데, 후에 이들의 저서 《시대를 앞서는 미래 경쟁 전략(Competing for the Future)》에서도 사용되었다.

이들이 내놓은 핵심역량이란 아이디어 덕분에, 드러커는 자신의 연구를 총체적으로 살펴볼 기회를 가질 수 있었다. 1995년에 출판된 《미래의 결단(Managing in a Time of Great Change)》에서, 드러커는 조직이 기회들을 활용하기 위해서 '강점 분석'(이 용어는 드러커의 1964년 저서 《피터 드러커, 창조하는 경영자(Managing for Results)》에서 만들어졌다)을 해야 한다고 말했다. 《시대를 앞서는 미래 경쟁 전략》 서문에서 하멜과 프라할라드는 "그의 지혜는 우리 사회에 엄청난 영향을 주었다"[21]며 드러커에게 찬사를 보냈다.

우리의 목적을 위해, 핵심역량이라는 개념은 개인의 수월성을 개발하는 것을 포함하는 개념으로 확장될 수 있다. 이와 같은 관점은 당신이 최고의 성취와 개인적 만족을 이끄는 삶을 살아갈 수 있도록 도와준다. 이 개념을 적용하면, 개인의 능력이 자신뿐만 아니라 주변 사람들과 나아가 사회에까지 다양한 이득을 가져다 줄 수 있음을 알게 될 것이다. 무언가를 정말 잘한다는 것-고품질의 서비스나 제품을 제공하는 것-은 개인이 갖춘 핵심역량이 전제되어야 하며, 또한 자신의 다양한 가치관과도 부합되어야 할 것이다.

당신은 스스로에게 최고의 기회를 제공하기 위해 직장과 그 외부에서 무엇을 하고 있는가? 당신이 하는 일에서 특이할 만한 게 무엇인지, 당신의 능력을 탁월하게 보여줄 수 있는 분야는 무엇인지 생각해보라. 몇 가지 예로 글쓰기나 의사소통 또는 판매를 들 수 있다. 이 기술은 다양한 직종에 적용될 수 있는 능력이다. 드러커는 자신의 활동 영역에서 무슨 강점을 가지고 있는지 분명하게 말할 수 있는 사람을 거의 보지 못했다고 했다. 이 장에서 우리는 개인의 핵심역량을 발전시키고 강화하는 데 도움이 되는 개념과 기술에 대해 살펴볼 것이다. 그것은 일에 대한 경험과 깊은 통찰 그리고 집중을 요구한다. 이에 관해 드러커는 독자들을 많이 배려했지만, 세세한 부분까지 조언하지는 않았다. 때로 우리는 어렵고 고통스러운 결정도 해야 한다. 예를 들어 '체계적인 폐기'를 하면서 총체적 삶의 리스트를 정기적으로 살펴보면, 당신이 핵심역량을 발휘하는 데 충분한 시간을 할애하지 못하고 있음을 발견하게 될 것이다. 따라서 어떤 활동을 그만두어야 하는지 결정할 필요가 있다.

작업자의 품새, 수월성, 근면
Workmanship, Excellence, and Diligence

"

이것은 내가 50년 동안 조직과 조직을 관리한
사람들과 함께 일하고 또 공부하면서 배운 첫
번째 덕목이다. 작업자의 품새가 중요하다. …
천재성을 요구하는 과업들은 거의 없다. 하지
만 모든 과업들은 성실근면성을 요구한다.[22]

"

클레어몬트대학원, 보도자료, 1987년 10월 21일

조직생활을 하면서 꼭 필요한 첫 번째 요건은 작업자의 품새, 수월성, 그리고 성실근면성이다. 이것은 개인의 핵심역량을 발전시키기 위해 갖추어야 할 최소한의 덕목들이다.

1987년 10월 21일 경영대학원에 자신의 이름이 붙여졌을 때, 드러커는 클레어몬트대학원(Claremont Graduate School, 현재는 Claremont Graduate University로 이름 변경)에서 연설을 하면서 '작업자의 품새'의 개념에 대해 말했다. 이 이야기는 8년 후에 발표한 그의 저서 《아시아에 대한 전망(Drucker on Aisa)》에 소개되기도 했다. 드러커는 피디아스(Phidias)의 이야기를 하면서 그를 "고대 그리스의 가장 위대한 조각가"로 칭송했다. 그리고 그의 작품은 "여전히 아테네의 파르테논 지붕에 서있다"[23]고 말했다. 드러커가 기억해낸 이야기에 따르면, 피디아스는 자신의 조각상 뒷부분을 만들기 위한 비용을 지급받기 위해 아테네 정부 사무실에 청구서를 제출했으나, 정부에서는 돈을 반밖에 지불할 수 없다고 했다. 피디아스가 조각한 작품의 뒷부분은 신전 위쪽에 위치해 있어 땅에 있는 그리스 시민들은 앞부분밖에 볼 수 없다는 게 이유였다. 하지만 피디아스는 사람들이 볼 수 없는 나머지 반을 신들은 보고 있다는 말을 하며 물러나왔다. 이것은 비록 모든 사람들이 알아주지 못한다 해도 우수한 질의 일을 하는 것이 중요하다는 것을 의미한다.

이것을 잘못 해석해서 중요하지 않은 일에 값을 지불한다는 의미로 이해해서는 안 된다. 우리는 이 이야기에서 자신의 높은 기준, 그러나 달성할 수 있는 기준을 정해야 한다는 교훈을 얻을 수 있다. 자신의 일을 누가 보고 판단할지는 결코 알 수 없다. 그렇기 때문에 내가 할 수 있는 최상의 업무 결과를 보여주는 것이 가장 좋은 방법이다.

많은 사람들은 드러커가 선천적으로 타고난 재능을 가진 사람이라고 생각했다. 그러나 그는 근면했고 강직했으며, 누구에게나 귀감이 될 만한 태도를 갖추고 있었다. 드러커는 열정적이고 개방적이며 수용적인 방식으로 업무를 수행했다. 그는 주의력과 집중력, 주어진 상황과 정보 안에서 가장 적절한 것을 판단할 수 있는 능력을 강조했다. 만약 광고나 판매에서 성공을 거두고 싶다면, 완벽하지는 않더라도 기본적인 수준에서 시작해 강력한 역량을 갖추어야 한다. 당신이 약속을 이행할 수 있을 때, 사람들은 당신의 서비스를 원한다. 교묘한 방법으로 당신이 원하는 모든 것을 판매할 수는 있겠지만, 약속한 서비스와 제품으로 고객을 만족시키지 못한다면 고객들은 당신의 업무 질에 실망하여 반복해서 당신을 찾지는 않을 것이다.

드러커는 탁월함을 넘어 완벽함을 목표로 삼을 것을 강조했다. 이제까지 살펴보았듯, 드러커의 자기관리에 대한 교훈은 종종 그의 젊은 시절 경험에서 비롯된다. 독일의 함부르크대학교에 재학하던 시절, 드러커는 할인된 학생 티켓으로 함부르크 오페라 극장에 가곤 했다. 거기서 접한 베르디의 〈팔스타프(Falstaff)〉 공연은 드러커 인생에서 전환점이 되었다. 드러커는 이 젊음이 느껴지는 공연이 실제로 베르디가 80대에 작곡한 곡이라는 것을 알았다. 베르디는 "완벽함은 항상 자신을 피해갈지 모르지만 나는 한 번 더 시도를 해보고 싶다"고 했다고 한다. 이 말은 후에 드러커에게 인생의 중요한 지침을 제시했고, 나이가 들어가면서도 여전히 드러커에게 삶을 이끌어주는 중요한 원칙이 되었다.

피터 드러커가 피디아스의 조각과 관련한 이야기에서 교훈을 얻은 것처럼, 당신도 남이
알아주지 않더라도 최선을 다한다는 생각으로 일하는 사람을 보며 자극을 받고 존경심이
생긴 적이 있는가?

또한 베르디의 오페라에서 얻은 교훈과 같이, 완벽을 추구하는 삶을 본 적이 있는가?
그러한 경험을 통해 무엇을 배웠으며, 그 경험은 나를 어떻게 변화시켰는가?

DRUCKER'S LIFE AND WORK 피터 드러커의 삶과 일

드러커는 실패에 대한 두려움보다 성공에 대한 기대로 더 많은 힘을 얻었다. 실제로 그는
두 권의 소설이 실패한 후 다시는 소설을 쓰지 않았지만, 이 일을 통해 "성공을 향해
질주하는 법과 실패를 두려워하지 않는 법을 배웠다"고 말했다. 또한 그는 이렇게 말했다.
"될 때까지 하라는 속담이 있는데, 그건 틀린 말이다. 처음 한두 번 시도하다가 실패하면
거기서 멈추고 다른 길을 찾을 필요가 있다."[24]

끈기(persistence)와 무모함(futility) 간에는 분명 차이가 있다는 것이 그의 생각이다.
하지만 이를 철칙으로 생각하지는 말아야 한다. 왜냐하면 세 번째 시도가 어떤 상황에서는
매력적인 경우도 있으니까. 그러나 우리는 더 이상 시도해 봐야 효과가 없다는 것을
깨닫기 전에 얼마나 많은 시간과 노력을 쏟아 부었는지를 생각해 보고, 다른 데로 시도를
변경해야 할 때라는 걸 고려해 보도록 해야 한다.

성취

Achievement

"

성취에는 중독성이 있다. 동기를 유발하는 성
취는 우리가 이미 잘하는 것을 전례없이 보다
더 잘하는 것을 의미한다.[25]

"

피터 드러커, 조셉 A. 마시아리엘로, 《매니지먼트 개정판》, 2008년

성취감 역시 중요한 도구 중 한 가지다. 당신의 핵심역량은 의미 있는 성취를 할 수 있도록 도움을 줄 것이다. 성취감은 업무 영역에서 가장 잘 드러날 수 있으며, 당신이 누구인지 보여주는 가장 확실한 방법이다. 드러커는 "일은 개성의 연장"이라고 하면서 "성취는 한 인간을 정의할 수 있는 방법 중 하나로, 그의 가치와 인간성의 척도"[26]라고 말했다. 당신은 지금 하는 일이 개성의 연장인지 살펴봐야 한다. 만약 아니라면, 직업이나 일의 유형을 바꾸기 위한 전략을 고려해봐야 한다.

물론 일이 당신의 가치와 인간성을 측정할 수 있는 유일한 방법은 아니다. 자신의 가치를 파악할 수 있는 다른 가능한 분야들로서 다음과 같은 것들을 들 수 있다.

- 자원봉사나 멘토링, 그밖에 타인을 돕는 다양한 일들을 통해 보여줄 수 있는 관대함.
- 업무 외에 스포츠나 음악과 같은 분야에서도 성과를 이루도록 하라. 많은 노력과 시간이 요구되고, 업무와 직접적인 연관은 없지만, 성취감을 얻고 자신의 가치를 찾을 수 있다.

조금만 살펴보면 우리 주변에는 이러한 기회가 무수히 많다. 드러커는 애정 어린, 하지만 냉정한 시각으로 이렇게 말한 적이 있다. "나는 자신이 다니는 회사의 한계와 무능한 상사에 불만을 품은 회사원들을 많이 보았다. 그들은 자신의 환경을 탓하며 아무것도 할 수 없다고 투덜거린다. 그들을 볼 때마다 나는 이런 말을 해주고 싶었다. 할 수 없다는 불평은 제발 그만하라. 당신이 할 수 있는 것은 무엇인가?"[27]

드러커는 자신의 성취를 이루기 위해 내적 자원을 끌어내려 했고, 우리는 삶과 일에서 최선을 다하기 위해서라도 드러커의 개인적 사례들을 본받을 필요가 있다.

드러커는 "아주 하층 계급의 사람들을 제외하고는, 지식 작업자들이 두려움의 자극에 의해 생산력을 향상시키는 경우는 거의 없다"고 말했다. "오직 자기 동기 부여(Self-motivation)와 자기 주도(Self-direction)를 통해서만 생산성을 향상시킬 수 있다"[28]는 것이다. 하지만 아직까지 많은 사람들이 구성원들에게 두려움을 가하는 방식으로 업무 효율을 높일 수 있다고 믿는다.

드러커는 평생 좋은 일을 하면서 성취하는 것과, 돈 버는 것을 목적으로 하는 일을 구분해야 한다고 했다. "나는 돈을 버는 것이 인생의 목표인 사람을 꽤 많이 보았다. 그리고 실제로 그들은 돈을 벌었다. 돈 버는 것만 목표로 하는 사람이라면 돈을 벌 수 있을 것이다. 그러나 그들은 예외 없이 모두 인생의 말로가 비참했다. 목표를 달성했지만, 남아 있는 것은 아무것도 없었다."[29] 행복해지고 싶다면 당신뿐만 아니라 주변에 미칠 영향까지 고려해야 한다. 하지만 이 말이 돈을 벌지 말라는 뜻은 아니다(실제로 드러커를 따르는 많은 사람들은 금전적으로도 여유롭다). 그러나 돈을 추구하는 것이 주목적이 되어서는 안된다는 것이다. 드러커는 "당신의 목표가 돈을 버는 것이라면, 나는 당신을 측은하게 여길 것이다"라고 하면서, "내가 본, 성공한 이후에도 행복한 사람들은 후에 무언가 남기기를 원하는 사람들이다"라고 말했다. "병원, 회사, 사람이든 무엇이든 간에 (돈이 아니라 성취에 초점을 두고 있으면) 제대로 운영된다고 할 수 있다. 왜냐하면 성취야말로 당신이 절대 끝낼 수 없는 것이기 때문이다."[30] 다양한 인생을 즐기고 싶다면 당신이 가장 많은 열정을 바칠 수 있는 분야, 가능하면 당신의 핵심역량과 관련된 분야가 뭔지 충분히 생각해야 할 것이다.

드러커는 이러한 방식을 다음과 같은 사항에도 적용할 수 있다고 말했다. 만약 당신에게 두 가지 이상의 업무가 주어졌을 때, 또한 그것들이 동시에 할 수 없는 일일 때 어떻게 해야 하는가? 이럴 때에는 당신이 무엇을 원하는지 고민하기보다, 당신이 무엇을 해야 하는가를 자문해보라. 이것은 단순히 우리의 일상생활에만 적용되는 것이 아니라, 삶 전반에 영향을 미칠 수 있다. 살다보면 항상 다음과 같은 모순에 처하게 된다. 우리는 하기 쉽고 즐거운 일을 하려고 하지만, 우리가 해야 하는 일이 항상 그렇지만은 않다. 그럴 땐 항상 당신의 핵심역량과 관련지어 생각해야 한다. 만약 그 일이 당신의 핵심역량과 큰 관련이 없다면 다른 방식을 통해 해결 방안을 강구해야 한다. 필요하면 다른 사람에게 위임하거나 아웃소싱을 통해서 해결하는 것도 방법이다. 당신이 조사하고 학습함으로써 그 과업이 당신의 핵심역량의 일부가 되도록 하는 데 도움이 되는지를 자문해보고, 만약 그러하다면 얼마나 많은 추가적인 노력을 요하는지 자문해보아야 한다.

매일 내가 성취하고 있는 것에 대해 스스로 인정하고 칭찬을 하는가 아니면 당연한 것으로 생각하는가?

과거에 내가 성취한 일 중 강한 인상이 남아 잊을 수 없는 일이 있다면 그것을 통해 어떤 교훈을 얻었는가?

DRUCKER'S LIFE AND WORK 피터 드러커의 삶과 일

젊은 시절 드러커가 독일에서 신문기자로 일한 경험은 그가 자신의 일에 대한 확고한 윤리 의식을 갖는 데 도움이 되었고, 후에 작가로 살아가는 데에도 영향을 미쳤다. 드러커는 스무 살 나이에 범죄사건을 맡아 독일 신문 〈프랑크프루트 게네랄-안차이거(Frankfurter General-Anzeiger)〉에 처음으로 기사를 쓰게 되었다. 이때 법정에서 돌아와 사무실에서 기사를 쓰고 있는 그에게, 편집장이 담당 검사의 이름을 물었지만, 드러커는 이 결정적인 세부 정보를 몰랐다. 결국, 드러커는 늦은 밤에 검사의 집으로 찾아가 자는 사람을 깨워서야 이름을 알아냈다. 이처럼 사소한 것에 주의를 기울이는 것, 우리의 인생과 일에 진정으로 주의를 기울이는 것은 대단히 중요하다. 드러커는 수년에 걸쳐 관찰력을 기르는 훈련을 했다. 우리도 이러한 교훈을 따라 살지 않을 이유가 없다.

효과적인 시간 사용
The Effective Use of Time

"
시간을 관리하는 것을 배워라. 그러면, 하지
않아도 되는 수많은 일들을 하지 않았음에도
불구하고 목표에 도달하지 못하는 일은 결코
일어나지 않을 것이다.[31]
"

"경영의 아이콘, 입을 열다 : 피터 드러커와의 인터뷰", 〈정보 관측〉, 2002년 2월 시간관리는 핵심역량을 바탕으로 다양한 삶을 살기 위해 꼭 필요한 도구 중 하나이다. 《피터 드러커의 자기경영노트(The Effective Executive)》에서 드러커는 시간을 잘 관리하도록 도와주는 기본 틀을 소개했다. 드러커는 자신이 하는 모든 일을 기록하고, 각각의 활동에 소모되는 시간을 기록할 것을 권했다. 그렇게 하면 하루를 어떻게 보내는지를 객관적으로 파악할 수 있는데, '나는 이렇게 하루를 보내고 있어'라고 생각하던 것과는 차이가 날 것이다.

당신은 각각의 활동을 하는 데 얼마나 많은 시간을 사용했는지에 대한 대략의 가이드라인을 만들면서, 일하는 중에 한 것과 그 외에 한 것들에 대한 목록을 작성해 보면 그 이상으로 나아갈 수 있다. 이런 훈련은 자신에게 가차 없다 싶을 정도로 솔직해져야 효과를 낼 수 있다. 많은 시간을 TV 시청이나 수동적인 활동에 보내고 있다면, 당신은 그것을 고쳐야겠다고 결정할 수 있을 것이다. 도리스 드러커는 자기와 남편은 TV를 본 적이 없다고 했는데, 그 정도까지는 아니더라도 최소한 시간을 들여 어떤 유익한 것을 만들어내고 있는지는 생각해보아야 할 것이다.

하나 이상의 세계에서 만족스런 삶을 이끌어가기 위해서는 원하는 것을 성취하기 위한 시간을 만들어야 한다. 당신은 적절한 시간에 적절한 활동을 해야 할 것이다. 만약 주된 직업을 가지고 있다면, 매주 남는 시간에 무엇을 하며 보낼 것인지 고려해야 한다. 제2의 경력을 개발할 수도 있고, 다른 여러 가지 관심사에 시간을 투자할 수도 있다.

나 자신에게 던지는 질문

나는 현재 시간관리 기법을 활용하고 있는가?

데이비드 알렌의 《끝도 없는 일 깔끔하게 해치우기(Getting Things Done)》나 스티븐

코비의 《성공하는 사람들의 7가지 습관(The 7 Habits of Highly Effective People)》에

소개된 시간관리 기법을 읽어본 적이 있는가?

언뜻 생각해볼 때, 새로운 차원의 삶을 취하기 위해 어떤 활동을 포기해야 할까?

피터 드러커의 삶과 일

드러커는 시간을 선택적으로 잘 조절했기 때문에 눈부신 성과를 거둘 수 있었다. 그는

자신에게 들어오는 수많은 기회를 수락할 수도 있었다. 그의 이름으로 된 조직을 만들어

사인만 해주고 더 많은 컨설팅을 할 수도 있었고, 컨설팅 회사에 사인만 해주고 다른

사람들에게 일을 넘길 수도 있었다. 하지만 그는 자신이 직접 그 일을 할 때 최선의 성과를

거둘 수 있다고 믿었다. 비슷한 방식으로, 연구원들을 채용하고 그들을 이용하여 더 많은

책과 기사를 쓸 수도 있었다. 그러나 드러커는 어떤 면에서 이런 방식이 자신의 일에 질적인

타격을 가져다줄 것이라는 사실을 알았다. 하지만 모든 사람들이 완벽하게 드러커가 했던

방식대로 할 수는 없을 것이다. 당신의 삶에 시간관리를 적용한다는 것이 당신의 이름을

이용한 조직을 만들지 말아야 한다거나 당신을 도울 사람들을 고용하지 말라는 것은

아니다.

이것은 자신의 재능과 생각을 표현할 수 있는 가장 적절한 방법이 무엇인지, 필요하다면

다른 사람을 그 과정에 참여시켜야 하는지 잘 생각해봐야 한다는 뜻이다.

우선순위

Priorities

> **"**
> 의사 결정을 해야 할 때 어떤 일이 우선시되어
> 야 하는지, 어떤 일이 덜 중요한지를 명확히 할
> 필요가 있다.[32]
> **"**

피터 드러커, 《피터 드러커의 자기경영노트》(개정판), 2006년 일과 삶의 다른 부분들에 대해 우선순위를 명확히 할 수 있다면 무엇이든 성취하는 데 큰 도움이 될 것이다. 2005년에 드러커는 "나에게 가장 중요한 것은 글을 쓰는 일이고, 두 번째가 가르치는 일, 가장 마지막이 컨설팅 업무"[33]라고 했다. 하지만 드러커는 시기마다 조금씩 다른 대답을 했다. 3년 전만 해도 드러커는 이렇게 말했다. "내 일을 도표화해보면 그 중심에는 글 쓰는 일이 있고, 그 다음이 컨설팅 그리고 마지막으로 가르치는 일이 있다. 나는 가르치는 일에 가장 큰 우선순위를 두지는 않았다. 내가 가르치는 것을 좋아하는 이유는 그것이 가장 잘 배울 수 있는 방법이기 때문이다."[34] 이와 같이 우선순위를 정하는 데 있어서 정해진 규칙은 없다. 총체적인 삶의 목록에 뭔가 더하거나 빼거나 하면서 주기적으로 우선순위를 검토하는 것은 당신이 지금 어디에 있고, 또 어떤 시점에 당신의 우선순위가 어디에 있는지를 보다 잘 파악할 수 있게 된다.

드러커는 시간을 할당하기 위해 일의 우선순위를 적어 보았다. 하지만 그것은 우선순위를 정하기 위한 한 가지 방식일 따름이다. 우선순위를 정할 때 고려해야 할 다른 사항은 당신이 매일 하는 일상 업무를 처리하는 방식이다. 이를 종합적으로 고려하여 우선순위를 정하는 일은 하나 이상의 세계에서 살기 위해 꼭 필요한 활동이다. 당신에게는 아마도 주어진 시간 속에서 경쟁해야할 많은 사람과 활동이 있을 것이다. 일상 업무와 장기적인 사항에 대한 우선순위를 명확하게 하지 못한다면, 결국 중요하지 않거나 만족스럽지 못한 일에 많은 시간을 낭비하게 될 것이다.

《피터 드러커의 자기경영노트》에서 드러커는 우선순위를 정하는 데 있어 꼭 필요한 네 가지 규칙을 제시했다. 요약하면 다음과 같다.

1. 과거가 아닌 미래에 초점을 맞춰라.

2. 문제가 아닌 기회에 초점을 맞춰라.

3. 남들이 한다고 따라가지 마라.

4. 쉬운 대안을 택하지 말고, 뭔가 차별화되는 결과를 얻도록
   목표를 높게 세워라.[35]

미래는 오늘의 행동과 결정에 달려있고, 만족스러운 미래를 맞이하기 위해 문제에 너무 압도되어서는 안되며, 지나치게 문제에 압도되는 경우 갖가지 문제들을 해결하기 위해 불필요한 시간과 돈을 많이 낭비하게 된다는 드러커의 전반적인 철학을 이 네 가지 규칙을 통해 알 수 있다.

나는 내 삶의 다양한 영역들을 고려하고, 드러커가 했듯이 우선순위를 매겨본 적이 있는가? 가장 최근에 남들과 차별화될 만한 높은 목표를 설정한 때가 언제이며, 그것이 어떤 결과를 낳았는가?

DRUCKER'S LIFE AND WORK 피터 드러커의 삶과 일

《피터 드러커 경영 바이블(The Daily Drucker)》이 출판되었을 즈음에, 드러커는 과제나 프로젝트를 끝낸 후에 프레임워크를 개발했다고 말했다. 자신에게 질문하는 방식을 통해 지금 무엇을 해야 할지 스스로에게 답을 구해 볼 수 있고, 그것에 대한 답을 통해 뭔가 새로운 방향으로 나아가게 될 것이다. 드러커는 이것이 그리 어려운 게 아니라고 했다. 어려운 것은 그 다음 문제, 즉 우선순위를 정하는 것이다. 드러커는 "우선순위를 정하는 것은 시간이 꽤 드는 일이며, 많은 고민을 하게 되는 일이다. 그러나 우선순위는 스스로 질문해보고 답을 얻어야 한다"[36]고 말했다. 드러커처럼 업적이나 위상이 훌륭한 사람이 그렇게 느꼈다면, 우리 같은 일반 사람들이 우선순위를 정하는 데 어려움을 느끼는 것은 놀라울 일이 아니다.

자기성찰의 힘

The Power of Self-Reflection

"
내가 살면서 배운 가장 중요한 교훈 한 가지는
매년 그해 달성한 결과를 되돌아보고, 내 기대
치와 비교해보아야 한다는 것이다.[37]
"

브루스 로젠스타인이 진행한 피터 드러커와의 인터뷰 중에서, 2005년 4월 11일

가끔씩 당신은 핵심역량과 삶의 목표를 점검하기 위해 일상을 떠나 되돌아보는 시간을 가질 필요가 있다. 많은 사람들이 그렇게 하기 위해 잠시 일을 쉬거나 안식년을 갖거나 명상의 시간을 가진다. 일상생활은 너무 복잡하고 바빠서 편하게 계획을 세우거나 반성하기 힘들다. 드러커 역시 생각하는 것은 매우 어려운 일이며, 빠른 속도로 돌아가는 사회가 이런 가치를 평가절하 했다고 믿었다. 실제로 명상의 가치는 단지 마음을 맑게 해주는 것뿐만 아니라, 삶에서 무엇이 정말 중요한가를 명확하게 해주는 것에 있다. 어떤 사람들은 비슷한 가치를 요가나 산책, 달리기 혹은 자연 속에서 찾기도 한다.

드러커는 자신이 아는 성공한 사람들의 대다수가 일터에서 벗어나 생각할 수 있는 그들만의 방식을 갖고 있다고 말했다. 예를 들어 마이크로소프트의 창업자 빌 게이츠는 '생각하는 주간'이라는 것을 설정하여 유익하게 활용하고 있다. 그는 '생각하는 주간' 동안 독서를 하고 성찰하며, 계획을 세운다. 여기서 알 수 있는 중요한 점은, 우리도 일터에서 벗어나 내가 어떻게 지내왔고 어디로 가고 있는가에 대해 깊이 생각해볼 수 있는 시간을 스케줄 속에 할애해야 한다는 것이다. 이러한 내면 여행을 하기 위해 필요한 몇 가지 이상적인 조치들을 소개하면 다음과 같다.

· 지나간 한 해를 원래 수립했던 계획과 비교하며 평가해본다.
· 한 해 동안 잘 된 일은 무엇이고, 잘 되지 않은 일은 무엇인지 살펴본다.
· 어디에 기회가 있는지 결정한다.
· 이것들을 기준으로 다음 해의 계획을 세워본다.

우리 모두가 이 계획을 성취하기 위해 드러커가 제안한 '일상 탈출의 주간(week in the wilderness)'을 보낼 마음을 먹거나, 그런 시간을 가져야 하는 것은 아니다. 하지만 우리 모두는 현재 자기가 처한 상황이나 특정 기간에 상관없이 어느 정도 이렇게 시간을 내어 자기성찰을 할 수 있도록 노력해야만 한다. 어떤 사람들은 혼자 또는 친구들과 함께 주기적으로 휴식을 취하는 것이 유익하다고 생각한다. 이런 주기적 방식의 휴양이 반드시 요구되는 것은 아니지만, 정신적인 면에서 도움이 된다. 어떤 면에서 보면 주기적 휴식은 안식년의 개념과 비슷한데, 즉 일주일 중 하루를 비워놓고 자신을 성찰해보고 재충전하며, 인생에서 자신이 받은 축복이 무엇인지를 생각해보는 것이다. 일에 치여 사는 바쁜 사회에서 이런 시간을 갖기란 무척 어렵지만, 분명 자신에게 삶의 자양분을 공급하는 기회가 된다.

일상에서 벗어나 자신을 성찰하는 시간을 갖기 위해 나는 어디서 어떤 방법으로 시작할 것인가?

한 해 업무와 그 성과를 검토함으로써 현재 나의 위치를 점검하는 것을 어떻게 자기성찰과 연결시킬 것이며, 어떻게 자기성찰에 도움이 되게 할 것인가?

또한 업무 영역에서 내가 도달해야 할 다음 목표를 계획하는 일과 자기성찰을 어떻게 연결시킬 것인가?

자기성찰의 시간은 개인적인 목표를 달성하는 데 어떤 도움을 줄 수 있을까?

DRUCKER'S LIFE AND WORK 피터 드러커의 삶과 일

드러커는 매년 여름 지난해를 되새기고, 올해에 무엇을 할지 생각했다. 자신이 활동하는 분야에서 최고의 자리에 오르고 나서도 그는 주기적으로 자기성찰의 시간을 가졌다. 이는 그의 근면함과 타협하지 않는 자세를 보여주는 것이다. 드러커는 이렇게 말했다. "매년 나는 놀란다. 매년 잘된 일을 보면 그것이 처음에 잘될 거라고 예상했던 일이 아니기 때문이다. 그리고 잘될 거라고 생각했던 일들은 기껏해야 실패나 하지 않는 정도였다. 그래서 매년 이렇게 비교 검토한 결과에 따라 우선순위를 새롭게 설정하고 실천하려 하지만, 일 년 뒤에 다시 보면 새롭게 정한 우선순위에 따라 생활한 것이 아니라 많은 부분 다르게 살았다는 것을 알게 되었다. 그래서 계획은 꼭 세워야 하지만, 꼭 그 계획을 따르는 것은 아니라는 사실을 배웠다."[38] 이런 종류의 묵상은 드러커의 삶을 성공적으로 이끈, 행동과 성찰을 혼합한 완벽한 본보기이다.

당신의 유산
Your Legacy

"
내가 13살 때 많은 영감을 준 종교 선생님이 있
었는데, 어느 날 그분이 반 아이들 한 명 한 명
에게 이런 질문을 던졌다. '너는 나중에 어떤
사람으로 기억되고 싶니?'[39]
"

피터 드러커, 《비영리 단체의 경영》, 1990년

당신이 지닌 핵심역량은 오래 전 드러커의 선생님이 한 질문 "어떤 사람으로 기억되고 싶은가?"에 부합되는가? 이 질문에 대답하기란 쉽지 않다. 우리들 중 대다수는 한 가지 이상의 답을 가지고 있기 때문이다. 드러커는 나이가 들면서 이에 대한 대답이 바뀔 것이라고 말했다. 드러커가 남긴 유산, 즉 드러커가 기억되길 바랐던 업적들은 그의 책과 글 속에 살아있으며, 많은 사람들에게 영향을 주고 감동을 주고 있다. 또한 드러커-이토 경영대학원과 드러커 소사이어티, 드러커 인스티튜트 등을 통해서도 그의 가르침은 기억되고 있다. 드러커 소사이어티와 드러커 인스티튜트에 대해서는 4장에서 좀 더 자세히 살펴보겠다.

만약 자신의 핵심역량에 꼭 맞는 일만 골라 하기 위해 기회를 기다리거나, 당신의 유산을 남기는 일에 대해 생각하는 것을 연기한다면, 한 인간으로서 자신이 가진 최선의 것을 남기고 갈 수 있는 기회를 잃게 될 지도 모른다. 그 누구도 우리가 얼마나 오래 살지를 알 수 없으며, 우리가 원하는 모든 것을 하기에는 시간이 매우 부족한 것이 현실이다. 그래서 우리는 우리가 가진 기회가 어떤 것이 되었든, 그것을 극대화하기 위해 가능한 모든 것을 해야 한다. 그 기회가 지금 현재 하는 일 속에 있든 혹은 일 외부 영역의 활동에 있든, 또는 새롭게 추구하는 기회이든 간에 말이다. 왜냐하면 그렇게 하는 것이 시간과 재능들을 보다 잘 활용하는 것이기 때문이다.

나는 《사소한 것에 목숨 걸지 마라(Don't Sweat the Small Stuff)》라는 베스트셀러 자기관리서 시리즈를 쓴 저자 리처드 칼슨을 두 차례 인터뷰하고 그에 관한 글을 〈USA 투데이〉에 쓴 적이 있다. 그는 중요한 사항을 이야기할 때는 매우 다정다감하고 사려 깊었고, 자기개발에 대해 간결하고 알아듣기 쉬운 말로 충고하는 독특한 재능도 갖고 있었다. 때문에 그가 2006년 12월, 신간 홍보를 위해 갤리포니아에서 뉴욕으로 향하던 비행기 안에서 45세의 나이에 심장마비로 죽었다는 기사를 읽었을 때, 나는 충격에 빠지지 않을 수가 없었다.

칼슨의 죽음은 비극적이었다. 무엇보다 그의 아내와 어린 두 딸을 남기고 죽었기 때문이다. 하지만 다행히 그는 드러커가 그랬듯이 독자들에게 도움이 될 만한 유용한 저서를 많이 남겼다. 칼슨 역시 독자들에게 인생을 살아가는 기본적인 길을 제시했다. 목적을 갖고 살아가되, 스스로 조절할 수 없는 것들에 너무 스트레스를 받지 말라는 것이었다. 칼슨은 그의 업적을 알릴 수 있는 조직을 갖고 있었는데, 대표적인 것이 그의 웹사이트다. 그는 죽었지만 그가 사람들에게 남긴 유익한 것들은 수년간 보존될 것이다. 만약 당신이 스스로를 자랑스럽게 여길 수 있는 일들을 하기를 원하고 그것이 다른 사람들에게도 가치 있는 것으로 남기를 원한다면, 매일 이에 대해 좀 더 주의를 기울이고, 생각하고 노력해야 한다. 이런 목적의식, 즉 당신 자신을 알고 믿는 것은 성취와 그 의미에 직접적으로 연관이 되어 있다.

칼슨은 매우 생산적인 사람이어서, 정기적으로 책을 출간하고 신문에 칼럼을 썼다. 이것은 그가 자신의 업무 능력과 재능을 최대한 발휘할 수 있도록 집중했다는 것이다. 생각해보라. 칼슨은 드러커보다 50년이나 더 짧은 생애를 살았지만, 다른 환경에서 그가 보여준 이력은 드러커의 것에 비해 결코 뒤지지 않는다. 상대적으로 젊은 나이에 갑작스럽게 세상을 떠난 칼슨의 생애는 우리가 미래에 유산을 남기기 위해 오늘 무엇을 해야 하는지 잘 말해주고 있다.

나의 친구나 가족, 동료들은 내가 그들에게 남긴 의미 있는 유산이 무엇이라고 말할까?

리처드 칼슨이 특별한 방식으로 우리에게 영향을 끼친 것과 비슷한 예가 있는가?

한 개인의 삶과 그들이 남긴 유산을 통해 나는 무엇을 배울 수 있는가?

DRUCKER'S LIFE AND WORK 피터 드러커의 삶과 일

드러커는 사람들이 의미 있는 목표를 달성하는 데 통찰력을 제공하고 도움을 준 사람으로
기억되기를 원했다. 1998년 드러커는 잡지 〈Inc.〉의 해리어트 루빈과 인터뷰를 하면서
"내 책이나 아이디어는 결국 내게는 아무런 의미가 없다"고 말했다. 이어서 그는 이렇게
말했다. "이론이 무엇인가? 아무것도 아니다. 유일하게 중요한 것은 어떻게 사람들을
감동시키는가이다. 과연 내가 독자들에게 통찰력을 줬는가? 그것이 바로 내가 원하는
것이다. 통찰력은 오래 남지만, 이론은 그렇지 않다."[40] 이런 이야기를 수백만 권이 팔린
책을 쓴 저자로부터 듣는다는 것은 이례적인 일이다. 이것은 마치 그가 일부러 자신의
업적을 낮추고 지나치게 겸손한 것처럼 보인다. 또한 이 모든 것을 운이나 다른 사람들과의
관계로 돌리는 것으로 보이기도 한다. 하지만 확실한 것은 드러커의 책과 이론은 그가
만나보지도 않은 사람들에게까지 통찰력을 갖도록 도움을 주었고, 아주 먼 미래에 그의
책을 읽게 될 많은 사람들에게도 도움을 줄 것이라는 사실이다.

삶에서 가치와 당신의 위치

Values and Your Place in Life

"

효과적인 삶을 사는 사람들은 '아니오'라고 말
할 줄 아는 사람들이다. 그들이 '예'라고 말하
지 않아서가 아니라, '이건 저에게 적절하지 않
은 일입니다'라고 말하기 때문이다.[41]

"

브루스 로젠스타인이 진행한 피터 드러커와의 인터뷰 중에서, 2005년 4월 11일

093 핵심역량을 개발하라 Developing Your Core Competencies

어떤 기회가 찾아왔을 때, 그것이 당신에게 적합한 기회라는 것을 어떻게 알 수 있는가? 특히 불확실하고 어려운 경제 환경에서 취업이나 프로젝트 수행, 투자 기회가 찾아 왔을 때 자신에게 적합하지 않은 경우가 있다. 드러커는 이렇게 말했다. "내가 알던 불행한 사람들은 그들에게 맞는 것이 아닌데도 큰 기회나 큰 프로모션, 큰 성공인 것처럼 보이는 것들을 거절하지 못한 사람들이다. 이런 사람들은 스킬을 습득할 수 있어도 가치를 얻지는 못한다. 내가 본 가장 불행한 사람은 조직의 가치가 자신의 가치와 맞지 않는 사람들이다."[42] 우리들 중 누구도 불행해지기를 원하지 않는다. 특히 불행한 마음 상태로 인생의 3분의 1 이상을 보내야 하는 일이라면 더욱 그렇다.

드러커는 당신의 삶을 튼튼하게 받쳐주고, 무슨 일을 하든 흔들림 없이 확고한 생각을 갖기 위해서는 개인의 가치, 성품, 정직성과 윤리에 대한 신념을 추구하는 것이 기초가 되어야 한다고 믿었다. 고용된 사람들을 모두 합쳐놓은 조직은 이와 같은 특성들을 나타내어야 한다. 드러커의 생각 중심에는 '스킬은 배우면 되지만 가치는 그렇지 못하다'라는 것이 깔려 있다. 이것은 두 가지를 동시에 의미한다. 첫 번째는 만약 당신이 개인적으로 적절한 가치들을 가지고 있지 않다면, 그것들은 습득될 수 없다. 또한 당신이 속한 조직에 적절한 가치들이 없다면, 당신에게 맞는 가치를 얻지 못할 것이라는 점이다.

드러커가 '지식 작업자'라는 특정한 단어를 규정하기 훨씬 전인 1950년대 초, 드러커는 가치 있는 작업자가 되는 법에 대해서 이렇게 말했다. "근본적으로 당신에게 요구되는 하나의 자질은 기술도, 지식도, 재능도 아니다. 바로 당신만이 가지고 있는 성품(character)이다."[43] 이러한 믿음은 그의 삶을 통해 명백히 드러났으며, 끊임없이 그의 저서의 주요 주제가 되었다.

드러커는 적절한 시기에 맞춰 일을 열심히 할 때와 일을 멈춰야 할 때를 알고 있어야 한다고 주장했다. 그는 두 친구의 운명을 비교하면서 이를 설명했다. 한 명은 성공한 정치가로, 주지사와 상원의원에 동시에 선출된 친구였다. 드러커는 그 친구에 대해 이렇게 말했다. "그는 매우 행복한 사람이었다. 그는 대통령이 되기를 원하지 않았다. 그가 원한 최고의 자리는 상원의원이었다." 또 다른 친구 역시 성공의 끝을 달린 사람이라고 할 수 있었다. 그는 50대 초반에 커리어의 정점에 도달했다. 드러커가 말하기를 "이 친구는 그후 30년 동안 '진정으로 좋은 영향을 미치기 위해 내가 무엇을 할 수 있는가?'라고 말로만 하거나 즐기기보다는 행동에 목말라 하며 보냈다"[44]고 했다. 이 질문은 여러분에게도 해당되는 강력한 질문이 될 수 있다. 특히 다양한 삶을 살고자 하는 사람들에게는 꼭 필요한 질문이다. 당신이 만약 가르치거나 멘토링을 하거나 자원봉사를 해서 다른 사람들이 목표에 도달하고 잠재력을 발휘할 수 있도록 도와주는 사람으로 기억된다면, 주업만을 통해서 얻는 결과보다 훨씬 더 값진 일이 될 것이다.

그렇다면 다양한 차원과 가능성을 고려하면서 일반적으로 사회나 다른 이들의 삶에 긍정적이고 지속적인 영향을 주고 진정한 차이를 만들어낼 수 있으려면 당신의 삶 속에서 무엇을 해야 할 것인가? 드러커는 "어떤 사람들은 매년 조금씩 변화를 이끌어내려고 노력한다. 반면 현실에 안주해 어떤 변화도 받아들이지 않으려는 사람들도 있다. 그것은 나이가 들어감에 따라서 변화하기도 한다"[45]라고 말했다. 드러커는 독자들에게 사용주의 지시와 그가 제공한 기회가 당신을 이끌 수도 있지만, 삶에 대한 중추적인 결정과 열망은 당신 스스로의 책임이라는 점을 상기시켰다. 드러커는 컨설팅을 할 때도 맡은 일을 몇 가지 유형으로 분리해서 맡지 않을 일들을 정했다. "나는 조직에 고용되어 구성원들에 인기가 없는 변화 계획을 세우고 주도하는 컨설팅 요청은 거절했다. 나는 그런 컨설팅을 잘하지 못할 뿐만 아니라, 그런 것을 믿지도 않는다."[46] 그는 컨설팅 요청을 많이 받았기 때문에, 운 좋게도 이런 요청을 거절할 수 있었다. 물론 우리 모두가 드러커와 같은 입장은 아니다. 그러나 기본 가치관에 충실하고 원칙과 타협하지 않는 그의 모습은 우리에게 귀감이 된다.

최고의 자리에 올라본 경험이 있는가?

그런 경험이 있다면, 그 자리에 머물러 있기가 매우 어렵다고 느껴본 적이 있는가?

현재 나의 직업과 관련해서 어떻게 하면 최대한의 효과를 낼 수 있을지에 대해 자문해본

적이 있는가?

드러커는 자신의 저서 《21세기 지식경영》에서 젊은 시절에 일과 가치관 사이에서 일어난

갈등을 어떻게 극복했는지, 그러한 경험이 다양한 삶을 사는 데 어떤 영향을 끼쳤는지에

대해 자세한 일화를 들어 설명하고 있다. 그는 런던의 은행에서 자산 관리자로 꽤 이름을

날리고 있었다. 하지만 그는 이미 어떻게 하면 세상에 가장 의미 있는 공헌을 할 수 있을까에

대해 관심을 가지고 있었고, 자신이 하고 있는 일은 무엇인가 공헌을 하는 일은 아니라는

것을 깨달았다. 드러커는 사람들과 함께 일하는 것이 자신의 가치를 찾는 것이라고 결론을

내렸다. 당시 경기침체와 일자리 부족을 겪고 있었음에도 불구하고, 그는 다른 사람들이

보기에는 무모할 정도로 아무런 대안 없이 직장을 그만 두었다. 그는 마침내 뉴욕으로

가서 전문 작가로서의 삶을 시작했고, 이어서 가르치는 일과 컨설팅 업무를 시작했다.

그가 만약 원래의 편안한 영역을 넘어 그리고 은행을 떠나 외부로 나가지 않았다면, 세상

사람들은 드러커의 훌륭한 업적들을 만나볼 수 없었을 것이다.

체계적인 포기

Systematic Abandonment

"

만약 우리가 아직 이 일을 하지 않았고, 현재
알고 있는 사실을 미리 알았더라면, 그래도 이
일을 하려고 할 것인가?[47]

"

피터 드러커, 《21세기 지식경영》, 1999년

당신의 총체적인 인생 목록을 정기적으로 점검하고 있다면, 드러커가 말하는 체계적인 포기의 방식, 즉 계획화되거나 조직화된 포기를 실천하라. 원래 이 기법은 조직에서 활용하기 위해 만들었지만, 개인적인 생활에도 유용하게 활용할 수 있다. 드러커는 1990년에 출간된 《비영리 단체의 경영(Managing the Non-Profit Organization : Practices and Principles)》이라는 책에서(구체적으로 포기(Abandonment)라는 용어를 사용하지는 않았지만) 이는 개인들이 사용해도 매우 훌륭한 것이라고 했다. 하지만 드러커의 충고와는 다르게, 체계적인 포기는 매우 어려운 기술 중 하나이다. 이 아이디어는 정기적으로 하고 있는 일들과 고려하고 있는 일들을 열거해놓고, 한 걸음 물러서서 그것들을 객관적으로 살펴보는 것이다. 《비영리 단체의 경영》에서 체계적인 포기를 언급한 부분에 나오는 인용문 중에 '우리'라는 말을 '나'로 바꾸어서 당신의 총체적인 인생 목록에 있는 모든 활동에 적용해보라. 만약 어떤 특정한 일을 착수하지 않겠다고 결심했다면, 여기서 멈출 것인가를 우선 고려하고 그 다음에는 손을 떼야 한다.

당신이 선택한 일들 중에는 당신의 핵심역량과 무관한 일이기 때문에 하지 말아야 할 일들이 있고, 반대로 정말 즐길 수 있는 일들이 있을 것이다. 체계적인 포기는 자기성찰의 시간에 사용하는 것이 현명하다. 왜냐하면 당신이 묻고 있는 것은 당신의 삶, 당신 자신, 그리고 당신이 하고 있는 활동에 관한 정말 중요한 질문들이기 때문이다. 이와 같은 것들은 바쁘게 주업에 몰입되어 있을 때는 물론이고 심지어 주업을 그만두었을 때 조차도 당신이 삶의 다른 영역에서의 일들로 몹시 바쁠 경우에는 대처하기 쉽지 않은 것들이다. 체계적인 포기를 연습하는 것은 지금까지 당신이 어느 정도 성공을 거두고 있는 일, 또는 당신이 현재 즐기고 있는 일을 포기하거나 일의 양을 줄이는 것을 의미한다. 이것은 당신이 새로운 일들, 예를 들어 가르치거나 배우거나 자원봉사를 할 수 있도록 시간을 만들기 위해 하는 것이다. 이를 위해서 반드시 특정한 일을 그만두거나 줄여야 한다.

내가 일하고 있는 곳에서 체계적인 포기 활동을 하고 있는가?

만약 하고 있다면, 그러한 작업이 잘 이루어지고 있는가?

현재 내가 참여하고 있는 모든 일을 계속할 것인가에 대해 자문해볼 때, 좀 더 나은 일을
하기 위한 여지를 만들기 위해 지금 당장 그만두어야 할 일은 없는가?

DRUCKER'S LIFE AND WORK 피터 드러커의 삶과 일

드러커는 글쓰기, 가르치기, 여러 해 동안의 컨설팅 등 다양한 업무를 동시에 진행했지만,
시간을 사용하는 데 매우 조심스러워했다. 그는 아무리 매력적인 일이라 할지라도, 자신의
강점을 발휘하기 힘들거나 핵심역량과 맞지 않으면 과감히 뿌리쳤다. 많은 강의 제안 역시
같은 이유로 거부했는데, 책의 서문을 써주는 일이나 기업들의 컨설팅 업무도 마찬가지였다.

2장 질문 요약

작업자 품새, 수월성, 성실근면성 - 드러커가 파르테논 신전의 이야기, 베르디의 오페라 〈팔스타프(Falstaff)〉에서 얻은 교훈과 유사하게, 당신의 인생이나 생각하는 방식을 바꿔 놓은 특별한 사건이 있는지 생각해보라.

성취 - 성취의 개념에 대해 당신은 어떻게 생각하고 있는지, 그리고 당신이 이룬 성취에 충분한 보상을 하고 있는지 생각해보라. 당신의 초기 직장 시절을 떠올려보라. 과거에는 생각지 못했지만 지금 생각해볼 때 초기의 경험을 통해 얻을 수 있었던 큰 교훈이 있는가?

효과적인 시간 사용 - 효율적인 시간관리 시스템에 대해 생각해보라. 어떤 시간관리 시스템을 사용할 때 값어치가 있는가? 만약 사용하고 있지 않다면 어떤 것을 선택해야 하는가? 왜 그것을 선택해야 하는가?

우선순위 - 드러커처럼 자신의 기본 활동에 대해 우선순위를 매겨보라. 높은 목표와 변화를 가져올 수 있는 일에 우선순위를 두라.

자기성찰의 힘 - 자기성찰과 반성을 위한 시간을 주기적으로 가져보라. 연간 활동을 평가하고 돌아보는 일에 지금까지 얻은 교훈을 어떻게 접목시킬 것인지 생각해보라.

당신의 유산 - 당신이 남기고 싶은 고유한 유산은 무엇인지 생각해보라. 특히 비교적 젊은 나이에 세상을 떠난 사람들 중 당신이 존경했던 사람들이 남긴 유산은 무엇인지 생각해보라.

삶에서 가치와 당신의 위치 - 조직이나 일에서 최고의 자리에 오르기 위해 필요한 것들은 무엇인지 생각해보라. 또한 그런 자리에 오를 때 겪는 어려움뿐만 아니라 그 자리를 유지하는 데 어떤 어려움이 있을지 생각해보라.

체계적인 포기 - 지금 당신이 일하는 곳에서 체계적인 포기 활동을 하고 있다면, 잘되고 있는가? 인생에서 좀 더 큰 결실을 맺고 자신의 핵심역량에 맞는 활동을 늘려나가거나 자신의 유산을 남기는 데 기여하기 위해 포기해야 할 일이 무엇인지 찾아보라.

내용 요약 & 다음 단계

이 장에서는 드러커가 했던 기법을 사용하여, 다른 사람과의 차별성을 만들어 낼 수 있는 핵심역량을 증진시키는 방법에 대해 알아보았다.
우리가 언급한 것들은 다음과 같다.

- 재능보다 더 중요한 성실근면성과 작업자 품새를 바탕으로 개인적인 역량을 높일 수 있는 방법
- 돈을 벌기 위한 단순한 목적보다 성취가 더 중요한 이유
- 가장 우선적으로 시간을 사용해야 하는 부분을 아는 것으로 시작해, 선택적으로 시간을 사용해야 하는 이유
- 어떻게 과거나 현재를 목표로 한 일보다 미래에 집중해서 우선순위를 정할 것인가
- 한 해를 어떻게 보냈는지, 미래에 당신이 뭔가 다르게 할 일이 무엇인지 성찰하기 위해 일상적으로 해야 하는 의무들로부터 주기적으로 벗어나는 것의 중요성
- 매일 하는 일을 통해서 당신이 남길 유산이 무엇인지, 어떻게 기억되고 싶은지를 생각해봐야 하는 이유
- 당신의 개인적인 가치관이 성공과 생산적인 삶, 커리어에 어떤 영향을 미쳤는지, 또한 당신과 직장의 가치관이 맞지 않았을 때 불행해지지 않는 방법

· 미래에 훨씬 더 나은 무엇인가에 길을 열어주기 위해, 성공적이고
　즐거울 수도 있는 어떤 일을 체계적으로 그만두어야 하는 이유

3장 '미래를 창조하라'에서는 더 나은 미래를 이끌 수 있도록 두 가지 이상의 일
이나 제2의 직업을 준비하는 기회를 잡는 방법에 대해 살펴볼 것이다. 우리는 점
쟁이의 수정 구슬을 통해 미래를 예측하는 것이 아니라, 오늘을 살면서 미래를
직접 만들어가고 있는 것이다.

총체적인 삶의 목록을 만들기 위한 힌트

당신의 목록에 지금까지 어떤 항목들이 담겨있는지 살펴보라. 이번 장에서 배운 내용 중 드러커가 제시한 개념들, 예를 들어 탁월함, 성취, 자기성찰, 또는 체계적 포기의 개념이 삶의 다양한 부분에 어떤 영향을 주고 있으며 앞으로 어떤 영향을 줄 것인지에 대해 생각해보라.

하루 또는 주말, 아니면 그냥 몇 시간 정도 편안한 시간을 내어 성찰하는 시간을 가지면서 자신이 만든 항목의 내용을 추가하거나 빼면서 더 나은 아이디어를 발전시킬 수 있다. 일주일 혹은 더 긴 시간 동안 매일 밤 컴퓨터에 작고 사소한 일이나마 자기개발에 도움이 된 것이나 자신이 얻은 교훈을 적어 보라. 이런 작업은 올바른 일을 하는 지침이 되며, 정서적 향상이 필요할 때 미래를 위한 기운을 더욱 북돋아줄 것이다.

온라인을 통해서 휴가나 요가, 명상 수업 등에 대해 알아보라. 저널이나 수필 형식으로 자신의 경험에 대해 글을 쓰면서 삶이나 일에 대한 새로운 통찰력을 찾을 수 있다.

드러커의 말들과 그가 제시한 사례들을 해석하는 하나의 방식은, 하루 일을 마칠 무렵 오늘 일을 되돌아보고 자신이 더욱 높은 지적, 정신적인 상태에 올라서 있음을 발견하는 것이다. 이상적인 것은 매일 최소한 조금이라도 개인적인 성장과 성취의 결과를 구체적으로 이루는 것이다.

3

미래를 창조하라

Creating Your Future

"

미래를 창조하는 일의 목적은 '내일 무엇을 할 것인가'를 결정하는 것에 있는 것이 아니라, '내일을 위해 오늘 무엇을 해야 하는가'를 결정하는 것에 있다.[48]

"

피터 드러커, 조셉 A. 마시아리엘로, 《매니지먼트 개정판》, 2008년

드러커는 '이미 일어나고 있는 미래'라는 관점으로 세상을 보는 것을 지지하는 사람이었다. 그가 가장 많이 인용하는 메타포 중에 하나인 이 문장은 다양한 해석이 가능하다. 그 중 하나는 하나 이상의 세계에서 삶을 추구하고 다양한 차원에서 삶을 구축하고 유지해갈 때, 우리의 시간과 재능들을 어떻게 다각화시켜 나갈지를 파악할 수 있고, 미래를 주시하면서 동시에 현실에 입각한 삶을 유지할 방법들을 결정할 수 있게 된다는 것이다. 이렇게 하려면 드러커와 같이 주위에 대해 관찰하고, 끊임없는 호기심과 열린 마음을 갖는 것이 중요하다.

이 장에서는 우리가 현재를 간과치 않으면서 어떻게 미래를 준비할 수 있는가에 대해 살펴볼 것이다. 당신은 병행커리어와 제2 커리어들을 계획하는 등의 조치들을 취함으로써 현재의 일과 미래의 다른 활동들을 준비할 수 있다.

만약 당신이 40대 미만이라면, 인생의 나머지 반을 어떻게 살 것인지에 대한 생각을 시작해볼 수 있다. 40대가 넘었더라도, 다른 직업을 병행하거나 새로운 직업을 가질 수 있다. 때로 그러한 이동은 드러커가 《아시아에 대한 전망(Drucker on Asia)》이라는 책에서 언급했듯이, 상당한 변화를 요구할 것이다.

이 모든 계획과 활동의 기본 배경에는 휴대폰이나 노트북 같은 휴대기기 기술의 발전이 있다. 육체 작업자들과 달리, 당신은 자신의 지식을 넓은 범위에 적용시킬 수 있다. 드러커가 종종 언급했듯이, 이러한 변화는 매우 최근에 일어나기 시작한 현상이다. 때문에 아직까지 많은 사람들이 현재 자신이 지닌 재능과 가치를 기술과 접목시키지 못하고 있다. 드러커는 휴대가능성과 이동가능성을 위한 기술이 지속적으로 눈부시게 발전할 거라고 생각했다. 드러커는 그간의 관찰과 연구, 컴퓨터 산업에 종사하는 사람들과 함께 일하는 것을 통해 이 분야에 대한 많은 통찰력을 가지고 있었지만, 실제로 컴퓨터 사용자는 아니었다. 이것은 당신이 드러커가 갖지 못한 이점을 가지고 있음을 뜻한다. 당신은 복잡한 소프트웨어와 데이터베이스를 직접 사용해본 경험이 있기 때문이다.

드러커는 "미래를 예측하는 가장 좋은 방법은 미래를 창조하는 것"이란 말을 자주 했다. 그는 미래를 예측하거나 예견하는 일을 하지 않았는데, 이러한 행동들이 무의미하다고 생각했기 때문이다. 무엇을 할 수 있는지, 무엇을 목표로 하는지, 그리고 현재의 상황으로부터 미래를 추정하는 것은 당신만이 알고 있기 때문이다. 당신은 미래를 위해 현재의 트렌드를 검토할 수 있고 그것들이 영향을 미친다면 어떤 영향을 미칠 것인지를 판단할 수 있다. 그러면 당신이 미래에 있어야 할 그 자리를 알 수 있을 것이다. 일상생활에 영향을 미치는 최근의 변화는 무엇인가? 이러한 변화는 당신의 미래에 어떤 영향을 미칠 것 같은가? 그러한 변화가 미래의 삶에 긍정적인 영향을 주도록 하기 위해서는 무엇을 해야 하는가?

미래를 만들어가는 가장 중요한 비결 중 한 가지는 이 책에서 중점적으로 다루고 있는 내용인 다양한 삶의 방식을 추구해보는 것이다. 새로운 직업을 병행하거나 새로운 직업으로 전환하기 위해, 그리고 새로운 전환을 통해 남은 절반의 인생을 잘 살기 위해서는 2장에서 토의한 당신의 핵심역량과 관련된 지식과 기술을 활용하는 것이 바람직하다.

인생 후반부

The Second Half of Your Life

"

인류 역사상 최초로 개인의 수명이 조직의 수명
보다 더 길어질 것이 예상되고 있다. 이것은 완
전히 새로운 도전을 야기시키고 있다. 우리 인
생의 나머지 반을 위해 무엇을 하며 살아야 하
는가?[49]

"

피터 드러커, 《21세기 지식경영》, 1999년

드러커는, 인생의 남은 절반을 잘 설계하고 준비하기 위해서는 자기개발이 가장 중요하다고 말했다. 하지만 자신의 현재 생활 습관이나 사고방식을 바꾸는 일이기 때문에, 매우 힘든 일이라는 것은 분명하다. 하지만 이것은 우리가 미지의 세계를 준비하고 그 세계로 나아간다는 것을 의미한다. 다시 말해 최소한 처음에는 실패 가능성이 있다는 것이다.

우리가 속한 조직보다 더 오래 사는 데서 오는 도전뿐만 아니라, 우리 선조들보다 더 오랜 기간 살아가야 하기 때문에 발생하는 여러 가지 도전이 있다는 것을 명심해야 한다. 운 좋게도 우리는 선조들과 달리 무지막지한 육체노동에 시달리지 않아도 되기 때문에 인생 후반부에도 육체적으로 소진된 상태에 빠지지는 않는다. 그러나 정신과 영혼이 메마르고 지루해지거나, 소진이 될 수는 있다. 드러커는 많은 사람들이 겪는 중년의 위기가 대부분 삶의 권태와 무료감에서 오는 것이라고 기술했다. 비록 드러커가 이야기하는 것이, 권태와 무료감 때문에 근본적으로 일에서 손을 뗀 상태가 되어 버린 사람에 대한 것이기는 하나, 이런 현상은 오늘날 흔한 일이 아니다. 물론 현직에 있는 일부 사람들이 여전히 일에서 손을 뗄 지도 모르는 상태로 지내긴 하지만, 이 또한 오늘날 같이 일자리가 줄고 있는 상황에서 거의 일어날 수 없는 현상이다. 실제로는 50대가 넘은 사람들 중 많은 이들이 이러한 위기가 닥치기 전에 이미 직장을 떠난다. 또 다른 사람들은 업무의 일부를 외부에 위탁하거나 외부 업체에 주문을 하는 경영 방식 때문에 직장을 잃기도 한다. 이러한 현상 때문에 제2의 직업을 갖기 위한 계획을 세우는 것이 꼭 필요하다.

또한 이런 이유 때문에 드러커는 우리의 생각이나 행동방식을 변화시켜야 한다고 조언한다. 인생 후반부에는 젊을 때보다 성숙한 관점과 풍부한 경험을 갖게 되고, 이로 인해 노련한 의사 결정을 내릴 수 있기 때문에, 자신과 남을 위해 더 큰 의미를 찾고 만들려고 할 것이다.

인생 후반부를 잘 설계하기 위해, 드러커는 그의 오랜 친구이자 동료이며 현재 드러커 인스티튜트의 이사장인 밥 버포드의 책을 읽어볼 것을 권한다. 밥 버포드는 차별화되고 생산적인 인생 후반부를 성공적으로 계획하고 실천하는 것에 대한 책을 써왔고, 실제로 그렇게 살아왔다. 드러커는 버포드의 책 중 《하프타임(Halftime : Changing Your Game Plan from Success to Significance)》(1994)과 《하프타임 2(Stuck in Halftime : Reinvesting Your One and Only Life)》(2001)의 서문을 써주었다. 또한 2004년 출간된 《하프타임의 고수들(Finishing Well : What People Who Really Live Do Differently!)》에는 광범위하게 참여하기도 했다.

밥 버포드는 한때 텍사스에 있던 케이블 방송국의 경영자로 활동하다가 지금은 드러커처럼 다양한 삶을 살고 있다. 그는 현재 60대 후반의 나이임에도 불구하고 전혀 지친 기색이 없다. 또한 작가로 활동하면서 리더십 네트워크(Leadership Network)를 이끌고 있으며 이 단체를 통해 혁신적인 교회에 정보를 제공하고 연계시켜 주는 일을 돕고 있다. 밥 버포드의 경우, 독실한 신앙이 그의 변화를 이끄는 결정적인 계기가 되었다. 외아들 로스가 1987년 24살의 나이에 물에 빠져 죽었을 때도, 그의 종교적인 믿음이 시련을 견디게 해주었다. 버포드의 이러한 감동적인 이야기들은 《하프타임》에 나와 있다.

드러커가 《하프타임의 고수들》의 서문과 그 밖의 다른 곳에서도 언급했듯이, 오늘날 지식 작업자들에게 이러한 변화는 위기이자 기회다. 우리는 유례없이 긴 수명을 부여 받았고, 의미 있고 생산적인 삶을 살 수 있는 여러 선택의 기회 속에 놓여 있다. 하지만 대다수의 사람들은 이러한 도전에 적절한 준비를 갖추지 못하고 있다. 우리는 너무 많은 선택의 가능성 때문에 오히려 혼란스러워하고, 어찌할 바를 모르는 채 동결 되어 있는 것이다. 스위스모어대학교의 배리 슈워츠(Barry Schwartz) 교수는 이러한 현상을 '선택의 역설(the paradox of choice)'이라고 불렀다.

드러커는 1장에서와 마찬가지로, '내가 누구이며', '내가 무엇을 잘하는지'를 대조해 보는 자기관리를 권면하였다. 이것은 2장에서 설명한 핵심역량과도 직접적인 연관이 있다. 버포드에 따르면, 우리는 여러 유형의 학교교육들을 꾸준히 이수하고, 경력을 쌓으며 발전해 나감으로써 인생 전반부에 대한 준비를 잘해왔다. 우리는 인생 전반부를 준비하기 위해 학생들에게 제공되는 경력 안내나 기타 다른 유형의 지침을 활용해 볼 수 있을 것이다.

그러나 이와 같이 구조화된 유형의 자원은 인생의 후반부를 계획하고 살아가야 할 사람들에겐 제공되고 있지 않다. 있다고 해도 대부분은 재정적인 조언들에 그친다. 다른 형태의 일이나 관대한 활동들 같은 대안들이 재정적인 조언 못지 않게 중요한 것임에도 불구하고, 이와 관련된 중요한 의사결정들은 빠져 있다. 드러커는 앞으로 사회의 다른 부문들을 이끄는 리더나 역할 모델이 되는 것은, 인생 후반부를 성공적으로 관리한 사람들이 될 것이라고 했다. 따라서 우리 대부분은 우리들이 알아서 이런 중대한 전환을 계획하고 헤쳐 나가지 않으면 안 된다.

나 자신에게 던지는 질문

만약 인생의 남은 절반을 만족스럽게 살기 위한 완벽한 대학 수업을 설계하라고 한다면
(22세 이상의 모든 사람들이 참가할 수 있는), 나는 그 수업에서 무엇을 배우고 싶은가?
세상 어느 누구나 초대하여 강의를 들을 수 있다면, 나는 누구를 초대하고 싶으며
그들에게서 무엇을 배우고 싶은가?

피터 드러커의 삶과 일

드러커는 의미 있는 인생 후반부를 산 완벽한 본보기다. 그는 40세 이후에 현재 하고 있는
일을 바꾸지 않고도 병행하여 경력을 유지할 수 있다는 것을 보여주었다.

그는 저술활동과 강의, 컨설팅을 함께 수행했다. 그가 쓴 대부분의 책은 65세가 넘어서
집필한 책들이다. 그러나 나이가 들면서 드러커는 활동을 조정했다. 가르치는 일을
줄여나갔고, 컨설팅의 경우 고객이 캘리포니아 클레어몬트에 있는 그의 집을 방문할 수
있을 경우에만 했다.

제2의 경력

Second Careers

"

40대 후반 즈음에 이르렀을 때, 성공한 전문직
및 경영인들의 사례를 통해 제2의 경력들을 개
발하는 것을 배워야 할 것이다.[50]

"

피터 드러커, 조셉 A. 마시아리엘로, 《매니지먼트 개정판》, 2008년

드러커는 지식 작업자들이 자신의 삶과 일을 발전시키기 위해 점점 더 많은 변화와 도전을 받아들여야 할 필요가 있다고 예상했다. 세상은 빠르게 변하고 있고, 모든 게 너무 쉽게 중요해지지 않게 되어 버린다. 드러커가 주장했던 믿기 어려울 정도로 간단한 아이디어는 제2 경력의 개발이다. 이는 반드시 당신의 현재 일로부터 급격한 전환일 필요는 없다. 만약 어떤 종류의 일을 좋아하지만 그 활동을 하는 데 안주하고 식상해지기 시작했다면, 변화를 고려해봐야 할 시기가 된 것이다. 드러커는 이런 변화는 때때로 몸담고 있는 조직 자체를 옮기는 것을 의미한다고 했다.[51] 하지만, 다른 조직으로 옮겨 예전에 했던 일을 그대로 하는 것을 의미하지는 않는다. 그것은 직업의 변화를 말하는 것이기도 하고, 일하는 환경의 변화를 의미하기도 한다. 일하는 환경을 바꾸는 것은 때로는 그것 자체만으로도 큰 의미를 가진다. 그러나 이것은 제2의 경력을 갖는 것으로 볼 수는 없다. 드러커가 들었던 몇 가지 예를 살펴보면, 법무법인에서 일하는 변호사가 비영리 단체에서 법률 관련 자문 일을 한다든가, 현재 병원을 운영하고 있는 개업의가 저소득층 사람들을 위한 병원을 개업하거나, 또는 신문이나 잡지의 사진기자가 결혼식이나 가족 행사의 사진을 촬영하는 것 등이 있다.

이런 종류의 전환은 일과 마인드셋(mindset)에 있어서 일종의 변환이다. 버포드는 이것을 '성공을 추구하는 것에서 의미를 추구하는 것(success to significance)'이라고 불렀다. 이것은 삶에서 성공을 맛보지 못하여 다른 어떤 것을 찾는 사람의 문제가 아니다. 이는 성공을 맛 본 사람이, 그 성공을 새로운 방식으로 새로운 의미를 갖고 새로운 사람을 위해 활용하는 것이다. 이러한 성공은 다른 사람들이 성공적이라고 평가하는 것에 부합할 필요가 없는, 당신이 추구하는 가치를 담을 수 있고 그래서 개인적으로 중요한 그런 성공이다. 드러커 역시 이를 새로운 커뮤니티를 찾는 것으로 보았다. 현재 하고 있는 일 중에서 가장 의미가 있는 것은 무엇인가? 당신이 변해야 하는 부분은 어디인가? 그것을 위해 오늘 할 수 있는 첫 단계는 무엇인가?

자세한 내용은 5장에서 소개하겠지만, 드러커는 일반적으로 의미 있는 인생의 후반부를 살기 위해 학업을 병행해야 할 경우도 있다고 말했다. 그는 많은 중년들, 특히 여성들이 로스쿨에 입학하는 것을 보았다. 또한 그 연배의 사람들이 신학과 관련된 공부를 하기 위해 신학교로 진학하는 것을 보기도 했다.

제2의 경력을 고려할 때, 두 가지 측면을 고려하는 것이 좋다. 이미 하고 있는 것을 확장할 수 있는 뭔가를 하길 원하는지, 아니면 전혀 새로운 일을 찾아가기를 원하는지 판단하는 것이다. 지금까지는 주변 환경 때문에 이루기 힘들었지만, 제2의 경력은 당신이 늘 원했던 것을 할 만한 기회를 가져다줄 수 있다.

드러커는 조기 퇴직한 많은 미국인들이 계속해서 다른 일을 하고 있는 것에 주목했다. 이런 현상은 특히 베이비붐 세대 사이에서 더욱 두드러지고 있다. 이미 경제적인 안정을 누리는 사람들은 특별한 어려움 없이 다른 일을 할 수 있다. 반면에 많은 사람들은 조기 퇴직을 해야 하거나, 심한 금전적인 어려움을 겪는다. 많은 사람들이 급진적인 경제 변화를 예측하지 못하고 은퇴시기를 잘못 설정했으며, 의료비와 에너지에 관련된 생활비가 급격하게 증가했기 때문이다. 그렇다면 그들은 완전히 은퇴할 수밖에 없었거나, 아주 새로운 커리어는 아니더라도 그들이 파트타임으로 일하길 원하였던 것일 것이다.

제2의 경력은 과도할 정도의 변화를 요구하지는 않는다. 하지만 이러한 직업의 변화는 많은 사항을 고려하고 심사숙고하는 과정을 필요로 한다. 1장에서 설명했듯이, 이런 결정을 하는 데 있어서는 최고 경영자처럼 생각할 필요가 있다.

만약 당신이 제2의 경력을 고려할 때 최고 경영자처럼 생각한다면, 직장을 이동하는 것이 자신 이외에 가족들과 주변 사람들, 현재 직장에 어떤 영향을 미칠지 고려할 수 있다. 제2의 경력을 갖기 위해 오늘 시작할 수 있는 것은 무엇인가? 그것이 지금 하고 있는 일에 어떤 영향을 줄 것인가?

작가이자 저널리스트인 해리어트 루빈과의 인터뷰에서 드러커는 이렇게 말했다. "우리들 대부분은 수명 연장으로 인해 반드시 직업을 바꿔야할 시기가 올 것이다. 경력 계획을 수립할 때 다양한 기회를 고려하지 않는다면, 성공하지 못할 수도 있다. 계획을 세울 때 어떤 기회가 자신에게 올바른 기회이며, 어떤 기회가 잘못된 기회인가를 가릴 수 있어야 한다."[52] 이 말은 드러커가, 루빈이 기존의 경영 관련 출판사를 떠나 작가와 자문위원으로 독립할 때 해준 통찰력 있는 충고로, 루빈의 잡지 〈Inc.〉 1998년 3월호에 실린 '피터의 원칙(Peter's Principles)'이라는 글에 나와 있는 내용이다. 이 충고는 루빈이 클레어몬트에 있는 드러커의 집까지 하루 종일 걸려 방문했을 때 들은 것으로, 아직 웹에서 볼 수 있으며 여전히 읽어 볼만한 가치가 있다.

드러커는 이 내용을 다음의 인터뷰를 통해 이해하기 쉽게 설명해주었다. 이 대답은 30년 전인 1968년 《Psychology Today》와의 인터뷰에서 나온 것임을 유념해야 한다. "보다 오래된 직업들이 제2의 커리어가 되기에 가장 적합하다. 중년의 나이는 현재의 직업을 떠나 변호사나 교사, 성직자, 의사 - 내가 당신에게 충격을 가했겠지만 - 또는 사회사업가가 되기 위해 전직을 하기에 가장 좋은 나이다."[53] 첫 번째 베이비붐 세대들이 막 대학을 졸업할 무렵에 이런 답을 주었다는 것은 생각해 보면 대단히 흥미로운 일이다. 그 당시에 고등학생이거나 대학생 또는 대학을 졸업한 첫 번째 베이비붐 세대들은 현재 중년이 되어 전통적인 퇴직 시기에 가까운 나이이거나, 제2의 경력을 고려해야하는 상황에 직면해 있을 것이다. 가르치는 일이나 성직자가 되는 일은 제2의 경력을 선택하는데 인기 있는 직종이 되었지만, 드러커가 의사로 직업을 전환하는 것에 대해 언급한 것은 그 시대를 고려해 볼 때 대단히 앞선 생각이었다.

내가 두 번째로 선택하는 경력은 첫 번째 것과 어떻게 다를까?

나는 우선적으로 의미 있고 가치 있는 일을 찾을 것인가?

그렇다면 수입이 줄거나 없는 것이 나에게 문제가 되는가?

DRUCKER'S LIFE AND WORK 피터 드러커의 삶과 일

드러커가 제2의 경력을 선택한 때는 20대 후반과 30대 초반으로, 그는 원래 은행과 금융에

관련된 업무를 하다가 처음에는 기자로, 이후에는 작가로 활동 영역을 옮겼다.

처음에 그는 자신에게 익숙한 전문 분야에 있었지만, 점점 금융업보다 글을 쓰는 것이

자신에게 맞는 일이라고 느꼈다. 상상해보라. 만약 드러커가 직업을 바꾸지 않았다면,

수많은 독자들이 그의 글을 읽을 수 없었을 것이다. 이후 드러커는 가르치는 일과

컨설팅을 병행했다. 그는 인생 후반의 삶을 세 개의 서로 연관된 일들로 채웠던 것이다.

병행 직업

Parallel Careers

"

남은 절반의 인생을 어떻게 보낼 것인가에 대한
두 번째 해답은 현재 직업과 병행하여 할 수 있
는 일을 찾는 것이다.[54]

"

피터 드러커, 《21세기 지식경영》, 1999년

드러커는 1999년에 발표한 저서 《21세기 지식경영》에서 이 말을 했다. 그는 인생의 후반부를 성공적으로 보내기 위한 세 가지 해법을 제시했다. 첫 번째는 제2의 경력을 찾는 것이고, 그 다음이 현재의 직업과 병행하여 할 수 있는 일을 찾는 것이다. 그리고 세 번째는 사회 활동을 하는 것으로, 이는 4장에서 살펴보도록 하겠다. 제2의 경력과 마찬가지로, 현재 일과 병행해서 할 수 있는 일도 다양하게 있다. 둘 혹은 그 이상의 일에 시간, 노력, 생각을 동시에 투입하는 지식 작업자들에게 여러 가지 일을 동시에 한다는 것은 금전적·정신적인 보상을 제공해 많은 이득이 될 수 있다. 여기서 말하는 '병행 직업'이란 파트타임으로 일하는 것이기는 하지만, 단순히 파트타임으로 일하는 것 이상으로 몰입해 일하는 것을 의미한다.

드러커는 '창조'라는 단어를 사용하면서, 이것이 병행 직업을 찾고 개발하기 위한 적합한 방식이라고 봤다. 병행 직업이란 기존의 삶에 존재하지 않았던 부분을 만들어가는 것이다. 때문에 이 일은 항상 창조적인 방식으로 이루어져야 한다. 또한 드러커가 지적하는 중요한 사항은, 병행하는 일이 당신의 주된 직업과 경쟁해서는 안된다는 것이다. 예를 들어, 당신이 경영진이라고 가정하자. 당신이 비영리 단체를 위한 컨설팅을 해주는 건 좋지만, 그 일이 당신 회사와 경쟁하게 해서는 안된다.

병행하는 일은 언제든 주요 직업이나 제2의 커리어, 혹은 은퇴 후 직업으로 변경될 가능성이 있다. 드러커는 비즈니스 세계에서 제품이나 서비스를 대규모로 출시하기 이전에 예비시험 하는 것을 크게 옹호하는 입장이었는데, 그와 마찬가지로 병행 직업이나 제2의 커리어도 예비시험을 거쳐야 한다고 권면했다. 드러커가 병행 직업으로 선택했던 것들 중 '가르치는 일'에 관해서는 5장에서 자세히 논의할 것이다.

드러커는 《21세기 지식경영》에서 비영리 단체에서 보다 흔하게 일어날 다른 가능성들을 보았다고 지적했다. 그 말은 어떤 일은 보수를 받는 반면, 어떤 일은 자원봉사에 입각하고 있다는 것을 시사한다. 때문에 병행하는 일을 결정할 때 금전적인 면을 꼭 고려해야 하는지 결정하는 것은 지식 작업자들이 해야 할 일이다. 드러커는 비영리 성격의 병행 직업들을 몇 가지 소개했다. 이를테면 보호소 운영, 지역 공공도서관 업무, 교회 행정 참여, 혹은 자신이 속한 걸스카우트 지부의 회장이 되는 것 등이 있다.

병행 직업을 찾는 가장 주요한 이유 중 하나는 자원 활동을 통한 공헌이나 외부에 대한 진지한 관심사와 관련이 있다. 병행 직업은 지식 작업자의 주업에서는 얻을 수 없는 다른 수준의 성공 기회를 가져다 준다. 드러커는 많은 지식 작업자들이 성공을 갈망하고 있지만, 그것이 항상 가능하지는 않다고 말했다. 하지만 자신이 선택한 일을 자신만의 방향으로 좀 더 잘 해나갈 때 자기만족을 느낄 수 있고, 많은 사람들을 이롭게 할 수 있으며, 이를 통해 진정한 성공의 기회를 갖게 되어 공헌할 수 있게 된다. 이렇게 변화를 일으키고 영향력을 미치면서 자신이 더 중요한 사람이라고 느낄 수 있다. 드러커는 이러한 성공이 지식 작업자 자신뿐 아니라 그의 가족들에게도 중요하다고 말했다.

어떤 사람들은 근본적으로 자신의 주업을 즐기고 있으면서도 병행 직업을 찾는다. 다른 타입의 일을 통해 추가로 자극을 얻길 원하기 때문이다. 때로는 더 이상 출세나 승진의 기회를 기대할 수 없을 때 다른 일을 찾기도 한다. 1995년, 드러커는 〈하버드 비즈니스 리뷰(Harvard Business Review)〉의 조지 해리스(그의 오랜 친구이자 때때로 협업자이기도 했음)와의 인터뷰에서 다음과 같이 말했다.

"발 딛고 올라설 사다리는 이미 사라지고 없다. 산업의 줄사다리가 있었던 흔적을 암시하는 구조 조차도 없다. 그것은 마치 포도 덩굴과 같아서, 당신에게 필요한 것은 그저 칼 한 자루일 뿐이다."[55] 그는 병행 직업에 관련하여 중요한 두 가지 사실을 관찰했다. 첫 번째는 병행 직업이 새로운 세상을 볼 수 있는 창 역할을 해준다는 것이다. 당신은 다른 생각을 갖고 다르게 행동하며, 다른 관심사를 가진 사람들과 일하게 될 것이다. 그들은 당신이 새롭게 사고하고 볼 수 있도록 눈을 뜨게 해줄 것이며, 다른 사람들을 더욱 잘 이해할 수 있는 포용력을 길러줄 것이다.

두 번째로 병행 직업은 주업에서는 찾아볼 수 없었던 리더십의 기회를 제공한다. 4장에서도 살펴보겠지만, 이는 특히 비영리 단체에서 일할 때 두드러진다. 이러한 경험은 당연히 가치가 있으며 미래에 당신의 주된 직업에 활용할 수 있는 리더십을 경험하게 한다. 드러커의 재능 중의 하나는 단순한 지식 작업자로 머무는 것이 아니라 분별력 있고, 합리적이며, 위엄 있고, 실행력을 가진 더 나은 사람이 되기 위한 도전을 하게 만든다는 것이다. 그는 이것이 결코 쉽다고 말한 적은 없다. 하지만 그는 우리가 어떤 범주 안에 있든 자신의 일에 충실하면서 사회의 변화를 끌어낼 수 있다면, 세상은 더 좋은 곳이 될 것이라는 걸 알고 있었다.

비영리 단체에서 현재의 일과 병행하여 일할 수 있는 기회가 생길 경우, 그 기회가

나의 가치, 경험, 교육 수준과 얼마나 잘 맞을까?

내 삶을 변화시키기 위해 나는 어떤 방향으로 이동해야 할까?

DRUCKER'S LIFE AND WORK 피터 드러커의 삶과 일

드러커는 병행 직업으로 저술활동과 강의 그리고 컨설팅 업무를 했다. 그에게는 각각의

일이 모두 중요했고, 나름대로 모든 일이 시간과 집중을 필요로 했다.

그가 이렇게 할 수 있었던 이유 중 하나는, 각각의 일이 서로 도움이 되었기 때문이다.

드러커가 여러 가지 영역에서 일하면서 얻은 경험, 습득한 지식, 각각의 분야에서 만난

사람들과 쌓은 우정은 다른 일을 하는 데 커다란 도움이 되었다. 컨설팅 업무를 통해

얻은 경험은 특히 책이나 기사를 쓰고 강의를 하는 데 중요했다.

휴대가능성과 이동가능성

Portable and Mobile

"

생산의 수단은 지식이며, 지식은 지식 작업자가

소유하고 있고 항상 휴대 가능한 것이다.[56]

"

피터 드러커, 조셉 A. 마시아리엘로, 《매니지먼트 개정판》, 2008년

휴대가능성과 이동가능성에 대한 개념은 제2의 직업이나 병행 직업을 선택하는 데 많은 선택의 기회를 제공할 뿐 아니라 기존의 직업에 있어서도 중요하고 핵심적인 역할을 한다. 우리는 과거 세대에 비해 어떤 특정한 직업이나 산업, 또는 지역적 한계에 얽매여 활동하지 않는다. 우리가 만약 핵심역량의 개발에 힘쓰고 그것을 꾸준히 발전시켜 나간다면, 현재 하고 있는 업무와 같은 계통이나 다른 분야에서 쉽게 일을 찾을 수 있을 것이다. 우리의 기량(skills)은 휴대할 수 있으며, 그것을 다루는 기술(technology) 역시 휴대할 수 있다. 우리는 이제 고도화되어 가는 많은 양의 소프트웨어에 접속하기 위해 점점 더 작은 하드웨어를 이용하고 있다. 모든 서류들은 웹상에서 찾을 수 있기 때문에 더 이상 엄청난 양의 종이뭉치를 들고 다니지 않아도 되는 것이다. 이것이 바로 초기 드러커의 책을 읽었던 사람들, 즉 기술이 덜 발달되었던 시기의 지식 작업자들보다 우리가 가질 수 있는 주요한 이점이다.

지식 작업자들은 자신이 지금까지 한 번도 보지 못한, 수천 킬로미터 떨어진 곳에 있는 사람들로부터 일을 의뢰받을 수 있다. 이는 통신기술의 발달과 컴퓨터 시스템의 발전으로 인해 가능해졌는데, 이러한 발전은 미래에는 더욱 정교해지며 복잡해질 것이다. 작업자의 지식과 학습능력은 경계를 확장시킬 수 있는 일을 위한 원자재 역할을 한다. 지식이 휴대 가능하다면 우리는 어디서도 일할 수 있다. 어떤 특정한 일에 묶여있지 않아도 되는데, 이러한 현상은 새로운 형태의 일들이 등장하면서 더욱 심화되고 있다. 예를 들어 인터넷이나 휴대폰에 관련된 수많은 직업들을 생각해 보라. 이는 1980년대 말까지는 존재하지도 않았던 일이다. 지식사회에서는 모든 것이 지식이 활용되는 방식에 따라 돌아가게 되어있다. 심지어 우리가 소비하고 사용하는 모든 제품과 서비스는 사람들이 지식을 일에 사용하면서 생겨난 결과물이다. 모든 것들이 한 가지 혹은 여러 개의 아이디어들로 부터 시작되고 있는 시대다.

매스컴의 발달은 20세기 중반부터 발달되기 시작한 운송 시스템의 향상과 함께, 지구 반대편에서도 일하는 것이 가능하도록 했다. 그 결과 우리는 세계 어느 곳으로도 이동할 수 있고, 우리 선조들과는 달리 다양한 곳에서 일할 수 있게 되었다.

하지만 이동가능성과 휴대가능성의 발달에도 불구하고, 드러커는 대부분의 지식 작업자들이 여전히 자신의 일을 하기 위해 조직과 꾸준한 물리적 접촉을 해야 한다는 것을 강조했다. 드러커는 또한 개인들은 그들의 일이 빛을 보게 하기 위해서 남들이 갖고 있는 보완적인 재능들을 필요로 한다는 점도 지적했다. '외로운 천재는 없다'고 드러커는 믿었기 때문이다.

자신이 하는 일이 이런 저런 유형의 조직에 의해서만 영향을 받거나 온전히 실현된다는 생각을 해서는 안된다. 반대로 어떤 다른 유형의 조직이 업무 프로세스의 어디엔가 개입되지 않고 혼자서 모든 일을 한다고 말하는 지식 작업자는 없을 것이다. 모든 일을 혼자서 해결할 수 있다고 말하는 지식 작업자들은 거의 없다고 보는 것이 맞다. 이러한 사실은 당신이 제2의 직업을 갖거나 다른 직업을 병행할 때 반드시 기억해야 할 사항이다.

휴대가능성과 이동가능성은 우리에게 자유를 보장해주어서 제2의 직업을 갖거나 다른 직업을 병행할 수 있도록 도왔을 뿐만 아니라, 다음 장에서 살펴볼 자원봉사나 멘토 역할을 하는 것에도 십분 활용할 수 있다. 휴대가능성과 이동가능성은 5장 '가르치는 것과 학습하는 것'에서 살펴볼 다양한 활동을 수행하는 데 핵심적인 요소다. 기술의 발전 덕분에, 지식 작업자들은 한 번도 만나지 못한 학생들을 세계 어디에서나 가르치는 것이 가능해졌다. 지식 작업자들은 온라인 수업을 듣거나, 웹상에서 제공하는 강의를 들으며 공부하기 위해 이동기술이나 휴대기술을 활용할 수 있다.

드러커가 자신의 중요한 저작들, 특히 1967년에 출판된《피터 드러커의 자기경영 노트(The Effective Executive)》를 쓸 당시만 해도 이런 가능성은 존재하지 않았다. 하지만 현재는 휴대가능성과 이동가능성이 다차원의 삶을 이끌고 가는 데 있어 발생하는 모든 결정들에 필수적인 요소가 되었다. 하지만 휴대가능성과 이동가능성은 상대적으로 지식 작업자들을 24시간 내내 일에 묶여 있도록 할 위험도 있다. 기술의 발전은 웹에 즉각적이고 빠른 속도로 접속할 수 있고, 정교한 기술로 무장한 휴대폰을 소유할 수 있게 만들었지만, 이런 발전은 사용주로 하여금 때를 가리지 않고 지식 작업자들이 일을 할 수 있도록 만드는 것도 더욱 용이하게 만들었다. 이러한 것이 다차원적인 활동에 참여하면서 증가될 지 아니면 감소될 지 여부는 각 지식 잡업자가 개인 상황에 입각하여 고려해야 할 의사 결정 요소이다.

현재 나의 직업을 수행하는 데 있어 내가 활용하는 기술의 이동가능성은 높은가?

이러한 기술을 다른 사업 분야나 다른 나라에 가서도 적용할 수 있는가?

DRUCKER'S LIFE AND WORK 피터 드러커의 삶과 일

드러커는 나이가 들면서 이동가능성이 떨어졌지만, 책이나 기사를 쓰고 클레어몬트에서

강의를 하며 그의 집으로 찾아오는 고객들에게 컨설팅 업무를 수행하는 데 있어 꼭 이동할

필요는 없었다. 그는 또한 아무리 능력 있는 지식 작업자라 하더라도, 자신의 능력을

발휘할 수 있는 조직과 연결되어야 한다는 것을 언급했다. 심지어 드러커조차 영리하고

영향력이 있는 사람이었음에도 불구하고, 자신이 가르칠 수 있는 대학과 책을 낼 수 있는

출판사, 그리고 자신의 아이디어를 실험하고 자원으로 활용하여 컨설팅 일을 할 수 있는

회사들과 조직들을 필요로 했다.

재창조

Reinvention

"

사람들은 매우 오랜 시간에 걸쳐 변해간다. 그
들은 다른 요구와 다른 능력, 다른 관점을 갖
는 사람이 된다. 그럼으로써 스스로를 '재창조'
할 필요성을 느끼게 된다.[57]

"

피터 드러커, 《아시아에 대한 전망》, 1997년

드러커는 《아시아에 대한 전망(Drucker on Asia)》이라는 책의 '자신을 재창조하라(Reinventing the Individual)'라는 챕터에서 위와 같은 글을 남겼다. 이 책은 드러커가 일본 소매업계의 거물인 이사오 나카우치와 나눈 대화로 이루어져 있다. 이 챕터는 재창조에 관련된 네 개의 글 중 하나로, 경영, 사회, 그리고 정부의 재창조에 대해서도 다루고 있다. 드러커는 재창조의 필요성에 대한 흥미로운 지적을 했다. 재창조하는 순간, 과거의 당신은 더 이상 과거 젊었을 때의 당신이 아니라는 것이다. 당연해 보이는 말이지만, 이 말은 잘 반추해 보고 유추해 볼 때 더 큰 의미를 찾을 수 있다. 새로운 환경에 적응하기 위해서는 반드시 자신을 재창조해야 한다. 학교나 경험을 통해서 배운 것이 어떤 관점을 가져다주긴 하겠지만, 지금은 새로운 것을 배우고 경험할 시기이다.

《아시아에 대한 전망》에서 드러커는 오늘날의 환경이 보통의 선을 넘은 변화를 요구한다고 언급했다. 드러커는 "단순히 기존의 자신에게 새로운 에너지를 공급하는 차원이 아닌, 과거와는 전혀 다른 자신을 만들어야 한다"[58]라고 했다. 그의 처방은 삶의 경험에서 비롯된 것으로, 특히 그가 젊은 시절에 했던 일과 배웠던 것을 통해 받은 영향이 크다. 재창조는 당신이 편안함을 느끼는 기존 영역에서 벗어나는 것을 의미한다. 이것은 새로 익힌 기술과 지식, 새로 알게 된 사람들을 통해 전문적인 삶을 새롭게 만드는 것을 의미한다. 또한 새로운 이동가능성을 활용해 새로운 지역으로 이동하거나, 높아진 휴대가능성을 이용해 집에서 멀리 떨어진 곳의 회사에서 일을 하는 것도 의미한다.

《아시아에 대한 전망》은 1995년 일본에서 처음으로 출간되었는데, 그 당시는 이제 막 인터넷이 등장하기 시작한 시기여서 파급 효과가 극히 미미했다. 이 시기는 구글이 등장하기 3년 전이었다. 하지만 사람들에게 점차 새로운 방식으로 자신을 재창조할 수 있는 여지가 많아졌으며, 성취를 하거나, 성취하는 법을 배울 수 있는 길이 더 많아졌다. 또한 당시에는 어떻게 인생의 상이한 단계들에서 스스로를 성공적으로 발견하고 변화시킬 수 있는지 예를 제시한 유용한 책들도 많았다. 이를테면 마크 알비온의 《삶을 창조하고 영위하라(Making a Life, Making a Living)》나 포 브론슨의 《내 인생 어떻게 살 것인가(What Should I Do With My Life?)》 등이 있었다.

그중에서도 재창조에 대한 가장 눈에 띄는 사례는, 80대 이후에 인생에서 두 가지를 재창조한 도리스 드러커다. 그녀는 독일에서 태어나 피터 드러커와 결혼하기 전에 유럽에서 공부했다. 드러커 부부가 1937년 미국으로 이민을 온 후, 그녀는 편집자나 특허 에이전트 등 다양한 직업을 가졌다. 1963년에는 뉴저지의 페어레이디킨슨대학교(Fairleigh Dickinson University)에서 물리학 학위를 받기도 했다. 80대 중반의 나이에 그녀는 비지복스(Visivox)라는 음성 모니터를 발명했는데, 이 기기는 언어 치료사들이나 오디토리움에서 연설자의 성량을 체크하는 데 쓰인다. 그녀는 자신의 발명품에 특허를 내서 다른 회사에 특허권을 행사하기보다는 발명품을 팔기 위해 사업 파트너와 함께 RSQ라는 회사를 차렸다. 그리고 그녀는 90대가 되어서 《라듐을 발견하라. 그렇지 않으면 혼내주겠다(Invent Radium or I'll Pull Your Hair)》라는 회고록을 2004년 시카고대학교 출판부에서 출간했다. 이 책은 1937년 그녀가 그녀의 남편과 함께 미국으로 오게 된 배경에 대해 주로 설명을 하고 있는 홀륭한 책이다.

그녀가 삶에서 보여준 여러 가지 본보기들은 개인적인 변화와 삶의 재창조가 아무리 늦은 시기에 시작해도 늦은 것이 아니라는 것을 보여준다. 재창조는 남은 절반의 인생에서 매우 중요한 가치를 부여하지만, 꼭 인생의 후반부 단계에서 생각할 필요는 없다. 학교를 그만두거나 졸업하고 직장을 얻는 것도 이런 변화를 이끌어내는 기회가 될 수 있다. 때문에 커리어를 쌓아가는 도중 어느 나이에 어떤 식으로든 일어날 수 있는 일인 것이다. 꼭 필요하지 않더라도 가끔은 그렇게 하지 않으면 안되는 때도 있다. 당신이 속한 조직이 문을 닫을 수도 있고, 매각되거나 구조조정을 감행할 수도 있다. 다른 곳으로 옮겨야 할 시기가 올지도 모른다. 또는 일이 지루해지거나 예전만큼의 충족감과 흥미를 느끼지 못할지도 모른다.

재창조는 용기를 필요로 하는 일이며 단순히 직업을 바꾸는 것보다 훨씬 더 흥미로운 일로, 사람들이 45세 중년의 시기나 65세 노년의 시기가 닥칠 때 무엇을 할 것인가를 결정하는 일이다. 하지만 이 일은 변화를 위해 많은 생각과 창의성, 그리고 열망과 능력이 필요하며 다른 사람들에게 기꺼이 다가가려는 마음이 필요하다.

ASK YOURSELF 나 자신에게 던지는 질문

자신의 삶을 재창조한 사람들을 보면서 나는 구체적으로 어떤 점에 존경심을 갖게
되는가?

나 자신의 삶을 재창조하기 위해 그들의 경험에서 무엇을 배울 수 있는가?

DRUCKER'S LIFE AND WORK 피터 드러커의 삶과 일

1937년 드러커가 미국으로 왔을 때, 그는 자신의 삶을 재창조해야 했다. 미국에서도
유럽에서 했던 일과 유사한 저널리즘 분야에서 일했지만, 그 일을 새로운 나라에서
수행해야만 했다. 그는 영국 신문사의 특파원으로 계속 글을 기고했지만, 새로운
방식으로 일할 필요가 있었다. 미국에 온지 2년 후, 《경제인의 종말(The End of
Economic Man)》이란 책을 처음 발표하면서 작가로서 자신을 재창조했다. 어떤 면에서
그는 죽을 때까지 계속해서 자신을 재창조했으며, 자신과 동시대 사람들이 이미
은퇴했거나 죽은 후에도 오랫동안 독자들이나 학생, 클라이언트에게 의미 있는 사람으로
남을 만한 방법을 찾았다.

3장 질문 요약

인생 후반기 - 인생의 남은 절반을 준비하기 위해 가장 이상적인 대학 교육과정 (22세 이상의 성인이라면 누구에게나 열려 있는)이 무엇인지 생각해보라.

제2의 경력 - 제2의 경력에서 금전적인 부분 외에 바라는 점이 무엇인지 생각해 보라.

병행 직업 - 병행할 수 있는 직업들을 당신의 가치와 기회들과 비교해보라.

휴대가능성과 이동가능성 - 당신이 가지고 있는 기술이 얼마나 휴대가능성이 높은가 생각해보라. 그리고 이 기술을 활용해 다른 산업이나 다른 국가에서 일할 수 있을지 생각해보라.

재창조 - 주변 사람들 중에서 삶을 재창조한 사람들이 있는지 찾아보고, 그들이 당신에게 역할모델이 되어줄 수 있는지 생각해보라.

내용 요약 & 다음 단계

우리는 이번 장에서 제2의 직업과 병행 직업을 통해 미래를 창조하는 방법에 대해 생각해 보았고, 자신을 재창조하는 것에 대해서도 생각해보았다. 이번 장에서는 아래의 내용에 대해 다루었다.

- 드러커는 남은 절반의 인생에 대한 계획을 세우는 것이 매우
  중요하다고 강조했다.
- 제2의 직업을 선택하기 위해서 우리는 전략적인 사고를 해야 한다.
- 병행 직업을 선정할 때 가장 중요한 한 가지는 언젠가 그 직업이
  당신의 주된 직업이 될 수 있다는 점이다.
- 지식의 휴대가능성과 이동가능성, 그리고 기술의 발달은 지역적인
  경계를 넘어 지식을 적용하기 더 쉽게 만들었다.
- 드러커는 1995년에 일찌감치 개인의 재창조가 필요하다는 점을
  명확히 했다. 자신을 재창조하는 방법은 기존의 편안한 영역에서
  벗어나 새로운 사람을 만나고, 새로운 일을 하며, 새로운 도전을
  받아들이는 것이다.

4장에서는 이러한 내용이 자원봉사나 멘토링, 그리고 사회적 기업 등과 관련된 관대함의 표현과 어떻게 연결될 수 있는지 알아보겠다.

총체적인 삶의 목록을 만들기 위한 힌트

만약 당신이 페이스북이나 링크드인(LinkedIn) 혹은 그와 비슷한 소셜 네트워크 사이트에 가입했다면, 당신의 리스트에 올라와 있는 최대한 많은 사람들의 프로필을 읽어보도록 하라. 어떤 직업을 가졌었고, 어떤 교육을 받았는지, 그들의 커리어 여행에 대해 살펴보라.

사람들 사이에 어떤 패턴이나 공통점이 있는지 유심히 살펴보라. 특히 한 가지 이상의 직업이나 병행 직업을 갖고 있는 사람들이나 자신을 재창조한 사람들에 주목하라. 그들로부터 무엇을 배울 수 있는가? 그들의 지혜를 얻기 위해 연락을 취할 수 있는가? 그들의 도움에 보답할 수 있는 방법이 있는가?

만약 그런 사이트에 가입하지 않았다면, 당신이 존경하는 사람에게 어떻게 커리어를 관리했는지 물어보라. 그들이 제2의 직업이나 병행 직업을 갖고 있는지, 자신을 재창조 했는지, 또는 그들이 미래를 위해 무엇을 계획하고 있는지도 물어보라. 또한 당신이 그들을 도울 수 있는 방법에는 무엇이 있는지 찾아보라.

직업을 찾기 위해 온라인 사이트를 찾는 것 이외에, 다른 사람들은 총체적인 삶을 어떻게 살아가고 있는지에 대해 알아보기 위해 온라인 사이트에서 다양한 내용을 살펴볼 수 있다. 자신의 일과 외부 활동을 잘 조화시켜 살아가고 있는 사람들에게 특별히 주의를 기울여 살펴보자. 그들에게 연락을 취해 어떻게 이 모든 활동을 수행할 수 있는 시간을 관리하고 인맥을 유지하는지 물어보라. 가능하다면, 온라인에서만 만나지 말고 직접 만나서 대화를 나누어 보는 것이 좋다.

당신의 온라인 친구 목록뿐만 아니라 오프라인 삶에서 추가 인사로 삼고 싶은 사람들에 대해 생각하는 데 도움이 된다는 점에서, 정규직으로 있는 각자의 친구 목록을 살펴 보는 것 또한 가치 있는 일이 될 것이다. 당신이 접촉하는 친구들을 넓혀가기 위해, 온라인에서 접촉하고 있는 친구들뿐만 아니라, '오프라인'의 삶에도 관심을 기울이는 것이 좋다.

이런 사이트에서 활동하고 있지 않다 해도 온라인에서와 똑같은 개념을 적용할 수 있다. 주변에 열정적으로 일하고 있거나 일 외에도 다양한 활동을 하고 있는 사람들을 찾아보라. 그들은 어떻게 그것을 성취하고 있는지, 또한 보답으로 어떻게 그들을 도울 수 있을지 더 많이 발견해 보라. 어떤 사람이나 그들 삶에서 보인 어떤 활동이 당신 삶의 일부가 될 수 있다면 어떨까?

4

관대함을 베풀어라

Exercising Your Generosity

"

우리는 비영리 기관을 통해 내일의 시민사회를
만들어가고 있다. 또한 그 사회에서는 모든 사
람이 리더이고, 책임을 지며, 행동을 한다.[59]

"

피터 드러커, 《비영리 단체의 경영》, 1990년

'총제적인 삶의 목록'을 만들고 수정할 때, 한 가지 차원 이상의 삶을 사는 데 있어서 가장 중요한 요소 중 하나는 자신의 관대한 행위를 어떻게 행사할 것인가 하는 점이다. 비영리적인 일, 자원봉사, 사회적 기업, 멘토링, 그리고 서번트 리더십(servant leadership)같은 분야들에서 당신의 시간과 재능을 공유하는 것은 많은 친구들을 사귀고 인맥을 확장하면서 당신의 일과 개인적 경험을 심화시키는 기회를 가져다준다. 이 모든 분야들은 우리의 지식, 연락망, 심지어 금전까지를 포함한 관대한 행동을 포괄한다. 이런 일들은 당신이 하는 다른 일에도 값진 보완재가 되고, 당신의 '의미' 부여도 상당히 윤택하게 할 수 있다.

드러커는 그의 시간에 매우 관대하였다. 그는 수없이 많은 강의와 강연 제의, 컨설팅과 원고 청탁들을 받았다. 때문에 그는 이러한 돈벌이가 되는 활동들을 더 많이 할 수도 있었겠지만, 오히려 드러커는 제자들이 일자리를 갖는 데 도움을 주는 등 제자들을 도와주고 비영리 활동에 무료 봉사하는 데 더 많은 시간을 보냈다. 또한 많은 사람들에게 멘토링을 해 주었다. 이러한 관대함의 정신은 훌륭한 역할 모델로서 드러커의 명성을 한층 더 높여 주었다. 이것은 2장에서 배운 것처럼 돈벌이보다 성취에 초점을 맞추는 모습을 잘 보여주는 예이기도 하다.

하지만 관대함의 정신을 발휘하는 데는 잠재적인 도전들이 필요하고 부정적인 측면들도 있다. 한 가지는 시간을 약정해야 한다는 것이다. 특히 당신이 자원봉사나 비영리 활동을 한 가지 이상 하고 있을 경우, 자신이 할애하고자 하는 또 잘 할 수 있는 것보다 더 많은 시간이 소요되는 경우들이다. 몇몇 자원봉사 활동은 육체적으로, 정신적으로, 그리고 감정적으로 매우 강도가 높아서, 당신의 주된 업무를 직장에서 하며, 때때로 심신의 탈진감을 느낄 수도 있다. 또한 자기 자신을 스스로 돌보지 못하거나, 도우려 했던 사람들을 돕지 못함으로써 좌절감을 맛볼 수도 있다.

그러나 드러커의 주된 성격은, 정말 중요한 일이 자신이 속해 있는 직장이 아닌, 다른 산업, 직업, 계층 등에서 일어나고 있다는 것이다. 이들 분야들에 대해서 알아보는 한 가지 방법은 당신 자신의 분야와는 다른 분야들에 있는 다른 조직들에서 자원봉사를 하든 함께 일을 해 보든 하는 것이다. 이를 통해 당신은 인생에서 다양한 경험들을 하고, 또 당신과는 다른 강점들을 갖고 있는 사람들과 교류를 하게 될 것이다. 또한 일상 업무에서 경험하지 못했던 사회의 다른 부분들을 보게 될 것이다. 이 모든 것들이 당신의 자기개발과 새로운 것들을 학습할 능력을 키우는 데 기여하게 될 것이다.

자원봉사

Volunteerism

"

그들은 삶을 영위하기 위해 수입을 올릴 수 있
는 일들에서도 지식 작업자들이고, 사회에 공
헌할 수 있는 일들-즉, 그들의 자원봉사 활
동-에서도 지식 작업자가 되고 싶어 한다.[60]

"

피터 드러커, 《클래식 드러커》, 2006년

드러커는 자원봉사 활동을 사회가 원활하게 기능하는 데 필수적인 요소로 보았다. 그는 비록 정부기관들과 일을 하긴 했지만, 그는 정부가 사회의 모든 문제를 해결하지는 못할 것이며, 헌신적인 봉사자들이 주축을 이루는 자원봉사 기관들이야말로 사회의 문제를 해결하는 효과적인 방법이 될 것이라고 생각했다.

전통적인 일자리들 밖에서 의미 있는 일을 제공할 수 있는 비영리 기관들에는 많은 자원봉사 기회들이 있다. 왜냐하면 사회와 우리 동료 시민들이 직면한 문제와 도전에는 끝이 없기 때문이다. 드러커가, 수 년 전에 《좋은 기업을 넘어 위대한 기업으로(Good to Great)》의 작가인 짐 콜린스에게 해보라고 충고했던 것처럼 우리는 세상으로 나가 쓸모 있는 일을 하는 사람들이 될 수 있다. 이것이 지식 작업자가 빛을 발하고 꽃을 피울 수 있는 길이다. 이를 통해 당신은 본업을 갖고 있을 동안에는 할 수 없었던 승화된 역할과 중요성을 갖는 일을 수행할 수 있다.

매주 또는 매월, 일정 시간을 할애해 자원봉사로 참여할 수 있는 분야는 아래 내용을 포함해 수백 가지나 된다.

- 노숙자 쉼터
- 동물 보호소와 구조 단체
- 종교 기관
- 도서관, 독서 프로그램, 문맹자 지도교사 프로그램
- 전문단체나 자선단체(이사회 임원으로 활동 포함)

이 책을 위해 인터뷰한 몇몇 지식 작업자들도 자신의 시간과 재능을, 지역 상공

회의소에서 일하거나, 병원이나 요양원, 박물관이나 여타 다른 문화 기관들에서 자원봉사하고, 걸스카우트의 리더가 되기도 하며, 학교에서 자원봉사를 하는 데 사용했다고들 하였다.

우리의 직업이 더 이상 우리에게 도전을 필요로 하지 않거나, 올바른 방향으로 도전을 요구하지 않을 수도 있다. 하지만 우리는 발돋움을 해서 확장을 도모해야 한다. 많은 사람들이 현재 커리어의 먼 지평을 바라다보고 많은 혜택을 볼 수 있겠지만, 우리는 새로운 도전들은 볼 수도, 보지 못할 수도 있다. 리더가 될 기회를 갈구하지만 현재 직업에서는 그럴 전망을 발견하지 못할 수도 있다. 그렇지만 그런 욕구를 충족시키고, 이들 도전들을 직면하고 추구하는 것은 비영리적인 공익 단체에서 경력을 쌓게 되면 가능해질 수 있다. 예를 들어 비영리 조직에서 일하는 동안 당신의 숨겨진 스킬을 발견하거나 새로운 것을 배울 수 있다. 또는 현재의 정규 업무에서는 할 수 없었던 일을 해달라는 요청을 받을 수도 있다. 당신의 새로운 적성을 발견할 수도 있으며 그것을 시도해 볼 수도 있게 된다.

2002년 로스앤젤레스에서 도서관 사서들을 대상으로 한 강연에서 드러커는 좋은 자원봉사 기회를 찾기 위한 간단한 공식을 제시했다. "당신의 가치관에 부합하는 기관을 찾아내고, 당신이 신념을 갖고 있는 어떤 것을 찾아서 일하라." 또한 그는 자원봉사를 하면 여러 가지 다른 유형의 사람들을 만날 수 있다는 점을 강조한다. 자원봉사는 또한 당신의 본업에만 매달려 당신의 삶을 소진하지 않을 수도 있다는 것을 확인시켜준다.

자원봉사 전문가이자 오랫동안 비영리 단체와 영리 단체의 경영자를 역임했던 존 레이놀즈는, 1998년에 발표한 책 《후광 효과(The Halo Effect)》에서 책 제목과 동일한 자원봉사의 '후광 효과'로 이목을 집중시켰다. 사용주들은 당신이 자원봉사자로 한 일의 가치 이상으로, 무엇인가 공헌을 했다는 사실 자체 때문에 당신을 더 높이 평가하려는 경향이 있다고 주장한다. 단도직입적으로 말하면, 성공적인 자원봉사 경험은 당신의 이력서를 돋보이게 한다. 실제로 많은 회사들은 문맹퇴치 지도교사나 해비타트를 통한 집짓기와 같이 직원들이 참여할 수 있는 다양한 영역에서의 사내 봉사활동 프로그램을 운영한다.

웹(web)은 자원봉사 활동 기회들에 대해 많은 자료를 제공한다. 가장 좋은 사이트 중 하나가 볼런티어매치(VolunteerMarch)(www.volunteermatch.org)라는 곳이다. 이 사이트에 당신의 거주지 우편번호와 관심사를 입력하면 당신의 재능을 발휘하거나 새로운 재능을 계발하는 데 도움이 되는 조직에 관해 구체적으로 알아볼 수 있다. 마찬가지로, 비영리 단체들도 웹사이트에 그들이 필요로 하는 것을 광고할 수 있다. 포인트 오브 라이트 인스티튜트(The Points of Light Institute, www.pointsoflight.org)는 이런 정보들을 얻을 수 있는 또 다른 소식통으로, 지역 공공 도서관과 유사한 곳이다. 또한 유나이티드 웨이(United Way)나 그와 유사한 지역사회 자원봉사 단체의 웹사이트를 통해 더 많은 정보를 얻을 수 있다. 크레이그스리스트(Craigslist)(www.craigslist.org)라는 웹사이트도 있는데, 여기에서 당신의 거주 도시 또는 지역을 찾아서 지역사회에 있는 자원봉사 링크를 클릭하면 자동으로 해당 지역에 있는 자원봉사 활동 기회들에 대한 내용을 안내받을 수 있다.

당신이 마케팅이나 재무, 법률과 같이 지식을 활용하는 자원봉사 업무를 선호하는지, 아니면 육체적인 활동을 통해 봉사하는 것을 선호하는지도 생각해보아야 한다. 몇몇 사람들은 사식 직업에서 벗어나 수프 만드는 부업일이나 해비타트 집짓기 같은 육체노동을 더 하고 싶어 할지 모른다. 이런 경우에는, 교육받을 기회는 자주 있기 때문에 전력이 반드시 필요한 것은 아니다. 이것은 육체 작업자와 지식 작업자에 대한 드러커의 구분을 아이러니하게 뒤바꿔놓는다. 이 경우에는 육체노동으로도 지적 활동을 통해 하는 일과 동등한 성취감을 경험할 수 있게 된다.

'국가에 대한 (시민의) 봉사(national service)'라는 개념은 현재 느리지만 점진적으로, 특히 젊은 사람들 사이에서 자리를 잡아가고 있다. 이것은 하버드 경영대 교수인 로자베스 모스 캔터(Rosabeth Moss Kanter)의 2007년 저서 《미국, 원칙을 지키는 나라(America the Principled)》의 주된 관점이다. 2007년 〈타임〉 지는 '지금이 봉사할 때(A Time to Serve)'라는 제목의 커버스토리를 통해 사회봉사의 혜택에 관해 다루었다. 국가에 대한 봉사들은, 젊은 사람들이나 나이든 사람들 모두 자신의 스킬을 계발하고, 비영리 기구들에 작업으로서 공헌하며, 장학금과 같은 이득을 얻을 수 있는 잘 짜여진 기회를 제공한다.

이러한 프로그램은 개인적인 이득을 초월하여 미국 비영리 부문 전체를 강화시켜, 결국 모든 사람들의 삶의 질을 향상시키게 될 것이다. 그 예로, 〈타임〉 지 기사에서는 시티 이어(City Year, 캔터 교수가 관재인(trustee)으로 있는 단체)와 티치 포 아메리카(Teach for America) 같은 사회적 벤처기업들을 언급한 바 있다. 1989년 웬디 콥(Wendy Kopp)이 설립한 티치 포 아메리카는 대학을 갓 졸업한 사람들을 대도시 내에 있는 빈민가의 학교에 보내 일 년 동안 교편을 잡게 한다. '지금이 봉사할 때'라는 기사에서는 10가지 계획을 제시한다. 여기에는 국가봉사부를 내각 수준의 부서로 만들고, '아메리코(AmeriCorps)'와 같이 상대적으로 작지만 성공적인 프로그램들을 널리 확대하자는 것 등이 포함된다. 한 가지 흥미로운 대목은 '국가봉사아카데미'를 창설하자는 제안인데, 이것은 미국 육군 사관학교에 견줄만 한 일종의 비(非)군사적인 사관학교를 설립하자는 제안이다. 2005년, 허리케인 카트리나의 재앙은 수없이 많은 종류의 자선과 봉사자들의 참여를 이끌어냈다. 많은 사람들이 타인이나 공동체를 돕는 일을 통해 자신의 삶을 재구축할 수 있다는 것을 깨달았다. 어떤 사람들은 뉴올리언스를 비롯한 피해지역에서 더 많은 시간을 보내기 위해 종교단체에 가담하여 봉사활동을 믿음이나 정신적 가치와 연계시켰다.

현재 자원봉사를 하는 친구나 동료가 있는가?

나는 그들에게 그들의 자원봉사 활동 경험의 장점과 단점에 대해 말할 수 있는가?

자원봉사활동에서 의미를 찾는 것으로 만족해야 하는가, 아니면 새로운 도전이나 새로운

사람들을 대할 것을 기대하는가?

DRUCKER'S LIFE AND WORK 피터 드러커의 삶과 일

피터 드러커는 걸스카우트, 구세군, 종교단체, 그리고 미국 적십자사 등 비영리 단체들을

위해 수많은 무료 컨설팅을 해주었다. 그는 2001년에 구세군으로부터 최고의 영예인

'에반젤린 부스 상(Evangeline Booth Award)'을 수상했다. 같은 해에 구세군 위원들인

로버트 왓슨(Robert A. Watson)과 벤 브라운(Ben Brown)은 드러커의 말을 인용한

《구세군의 리더십(The Most Effective Organization in the U.S. : Leadership Secrets of

the Salvation Army)》이라는 제목의 책을 출간했다. 이 책은 비영리 단체 및 자원봉사에

대한 피터 드러커의 관점, 그리고 드러커라는 인물에 대해 상당한 자료들을 담고 있다.

비영리 조직

Nonprofit Organizations

"
영리 조직의 경영자가 성공적인 비영리 조직
으로부터 배울 수 있는 첫 번째 교훈은 사명
(mission)으로 시작한다는 것이다.[61]
"

피터 드러커, 조셉 A. 마시아리엘로, 《매니지먼트 개정판》, 2008년

1990년 드러커의 오랜 동료인 프란시스 헤셀바인, 밥 버포드, 그리고 리차드 슈버트는 비영리 경영을 지원하기 위한 피터 드러커 재단(프란시스 헤셀바인 리더십 인스티튜트)을 설립했다. 헤셀바인은 최근 미국 걸스카우트 총재 자리에서 퇴직해 새로운 조직의 이사장이 되었다. 우리는 3장에서 과거 케이블 TV 회사를 운영하던 사업가에서 작가이자 사회적 기업가로 변신한 밥 버포드에 대해 언급했고, 슈버트는 전 미국 적십자 회장이었다. 3명은 모두 지도자로서 대단한 경력을 지녔고, 드러커와 친하게 지냈으며, 게다가 과거에 드러커의 컨설팅을 받으면서 그와 긴밀하게 일을 했다.

드러커는 2002년까지 '비영리 기관 경영을 위한 피터 드러커 재단'의 명예이사장으로 재임했다. 그리하여 광범위한 사람들에게 뜻깊은 일거리를 제공하고, 리더십을 발휘할 기회를 부여함으로써, 또 사회 병폐를 극복하는 것을 도움으로써, 비영리 단체들 및 그 단체들이 수행하는 중요한 역할에 대한 그의 변함없는 지원을 각인시켰다. 프란시스 헤셀바인 리더십 인스티튜트는 비영리 부문의 리더십을 강화하는 데 지속적으로 기여하고 있으며, 드러커에 대한 자료와 그가 쓴 글을 포함해 〈리더 투 리더(Leader to Leader)〉라는 잡지를 발행하고 있다. 이 잡지에 기고된 글들을 편집해 책으로 발간하기도 했다.

드러커의 가장 중요한 저서 중 하나는 피터 드러커 재단이 설립되던 해 발간된 《비영리 단체의 경영》이라는 책이다. 책의 많은 부분은 피터 드러커가 밥 버포드와 헤셀바인 등 비영리 단체의 리더들을 인터뷰한 내용으로 구성되어 있다. 또한 그는 당시 혁신적인 가구 디자인 회사인 허먼 밀러(Herman Miller) 사의 이사회 의장이자 풀러신학대학교(Fuller Theological Seminary) 이사회 임원인 맥스 드 프리(Max De Pree) 같은 경영자들과 대담을 나누기도 했다. 더불어 이 책에는 드러커 자신의 삶에 대해 기술한 훌륭한 글들도 포함되어 있다.

드러커는 1989년 7~8월호 〈하버드 비즈니스 리뷰〉에 기고한 '비영리 단체로부터 영리 조직이 배워야 할 것'이라는 글을 통해 비영리 단체에 대해 누구도 생각하지 못했던 관점을 제시했다(이 글은 훗날 《클래식 드러커》라는 책에 수록되기도 했다). 그는 자원봉사자들의 활동을 독려하기 위해 그들의 공헌에 의미를 부여하는 비영리 단체들의 사례로부터 영리 조직들이 교훈을 얻을 수 있다고 생각했다. 그는 영리 조직도 궁극적으로 그들의 지식 작업자들을 비영리 단체의 구성원들과 같이 대우해야 한다고 강조했다. 왜냐하면 작업자들의 이동가능성은 자원봉사자들이 그러하듯이 언제든 조직을 떠날 수 있음을 의미하는 것이기 때문이다.

비영리 단체와 관련해 중요하게 고려해야 할 사항이 한 가지 있는데, 그것은 바로 재정 지원이다. 많은 지식 작업자들이 종교 단체나 비종교 단체를 포함한 모든 유형의 비영리 단체에 정기적으로 금전적 기부를 한다. 특히 재정적으로 부유해진 사람들은 후원자가 되는 것을 즐거워한다. 자본이 많거나 가족재단을 설립할 수 있다면, 인생의 후반부에 개인적으로 자선 사업 단체를 경영하는 것도 좋은 방법 중 하나이다.

지식 작업자들이 비영리 단체 활동에 참여할 수 있는 한 가지의 방법은 드러커 소사이어티에 가입하는 것이다. 이러한 조직에 참여해 비슷한 생각, 흥미, 가치관을 가진 사람들과 접촉할 수 있다. 만약 당신이 공동체나 사회에서 윤리적인 지도자 역할을 수행하는 데 관심이 있다면 이런 조직을 찾아보는 것은 더욱 의미가 있다. 드러커 소사이어티가 최근 가장 적극적으로 활동을 하는 지역은 아시아지만 미국, 캐나다, 유럽, 그리고 남아메리카에서도 이 모임은 급속도로 확

산되고 있다. 드러커 소사이어티는 드러커-이토 경영대학원이 있는 미국 클레어
몬트의 드러커 인스티튜트가 주관이 되어 활동을 하고 있으며, 좀 더 나은 세상
을 만들기 위해 피터 드러커의 사상과 철학을 공유하고 전파한다(밥 버포드가
이사회 의장으로 있다).

미국 드러커 인스티튜트의 웹사이트(www.druckerinstitute.com)에 접속하면 이
기관의 활동 내용과 각국의 드러커 소사이어티 현황, 그리고 참여 방법을 알 수
있다. 이 사이트의 '드러커아카이브(Drucker Archives)'에서는 피터 드러커에 관
한 디지털 자료들을 얻을 수 있다. 많은 사람들이 드러커에게 쓴 편지를 포함해
풍부한 자료들이 무료로 제공된다. 이런 자료들을 보면 드러커가 개인이나 조
직에 어떤 영향을 미쳤는지 잘 알 수 있다. 드러커가 다른 사람들을 위해 남긴
업적을 보면, 당신도 다른 사람들에게 어떻게 하면 이와 같은 영향을 줄 수 있
을지에 대한 아이디어를 얻을 수 있다.

내가 현재 기업 부문에서 일하고 있다면, 성공적인 비영리 조직에서 무엇을 배울 수 있을지

생각해 본 적이 있는가?

만약 비영리 조직에서 일하고 있다면 성공적인 영리 조직에서 무엇을 배울 것인지 생각해

본적이 있는가?

나 자신을 비롯해 내가 일하는 조직, 파트너십을 맺고 있는 조직, 그리고 그들이 도와주려는

사람들 모두에게 상호혜택이 될, 비영리 조직들과 함께 일할 기회들을 내가 찾을 수 있을까?

DRUCKER'S LIFE AND WORK 피터 드러커의 삶과 일

오랫동안 드러커가 비영리 조직과 일을 해 왔던 경험은 비영리 단체와 영리 단체들 간의

관계에 가교 역할을 했다는 점에서 특히 중요하다. 그는 이런 조직을 위해 무료로 컨설팅

서비스를 제공했고, 드러커 재단(The Drucker Foundation)과 함께 일을 하면서 비영리

단체들을 도울 수 있었다. 그의 직위는 재단의 명예이사장이었지만 그는 재단이 발전하고

사회에 영향을 미치는 데 적극적으로 앞장섰다. 그는 또한 기업 부문에서 비영리 조직에

대해 관심을 갖고, 비영리 부문에 대해 학습하며, 파트너십을 맺기 위한 기회로써

이 부문을 진지하게 생각해봐야 한다는 확신을 갖게 하려 하였다.

드러커 인스티튜트와 드러커 소사이어티에 관해

Rick Wartzman on The Drucker Institute and The Drucker Societies

릭 와츠먼과의 인터뷰

미국 캘리포니아주 클레어몬트에 위치한 드러
커 인스티튜트 소장 릭 왓츠먼(Rick Wartzman)
에게 드러커 소사이어티에 참여하는 방법을 보
다 자세히 설명해달라고 부탁했다.

1. 지식 작업자들이 피터 드러커 소사이어티 활동에 참여하려면 구체적으로 어
떻게 해야 합니까? 회원이 되려면 특정 지역에 살아야 하는지, 회원 가입을 위해
특별한 조건이 필요하다면 무엇인지요?

드러커 소사이어티는 피터 드러커의 효과적인 경영 방식과 윤리적 리더십에 대한
사상 및 이상을 통해 지역사회를 긍정적으로 변화시키고자 하는 자원봉사자들
의 단체입니다. 드러커 소사이어티의 전 세계 네트워크가 결성된 것은 2007년이
니, 그 역사는 짧은 편입니다. 하지만 2008년 후반부터 클레어몬트경영대학원의

드러커 인스티튜트 주도 아래, 각국의 드러커 소사이어티는 드러커의 사상을 전파하기 위한 여러 가지 프로그램들을 실시하기 시작했습니다. 이러한 활동은 그들이 위치하고 있는 지역의 공동체를 위하여 가시적인 결과를 거두는 실행 중심의 활동에 초점을 맞추고 있습니다.

2008년 말에는 전 세계 약 12개 지역에 드러커 소사이어티가 조직되었으며, 각각의 소사이어티는 드러커의 통찰력을 해당 지역 특성에 맞춰 적용하고 있습니다. 예를 들어, 미국 댈러스와 브라질에서는 소사이어티의 자원봉사자들이 드러커 인스티튜트에서 개발한 반나절짜리 워크숍을 통해 드러커의 다양한 경영 이론을 비영리 단체와 비정부기구(NGO) 리더들에게 가르치고 있습니다. 대한민국에서는 기업 고위임원들이 정기적으로 모여 드러커의 저서를 읽고, 그의 가르침을 어떻게 그들의 회사에서 실천할지, 또 그들의 지역사회에서 어떻게 실천할지 연구하고 있습니다. 로스앤젤레스와 뉴욕, 필리핀의 드러커 인스티튜트 자원봉사자들은 고등학교 2~3학년 학생들에게 가르치기 위해 기본적인 경영 개념 프로그램을 마련하고, 또한 학생들이 지역사회 봉사활동 프로젝트를 직접 설계하고 실행하면서 배운 내용을 실천하도록 돕고 있습니다.

드러커 소사이어티 활동에 동참하고 싶다면, 각국의 소사이어티를 통해 참여할 수 있습니다. 드러커 인스티튜트 웹사이트(www.druckerinstitute.com. 국내에서는 2005년 9월, 드러커의 지식경영 이론을 적용해 한국경제의 새로운 발전 모델을 만든다는 취지로 '피터 드러커 소사이어티(www.pdsociety.or.kr)'를 설립했다. - 옮긴이)에서 알아보시면 됩니다. 만약 당신 주변 지역에 드러커 소사이어티가 없다면, 신청 후 당신이 직접 드러커 소사이어티를 시작할 수 있습니다. 신청서와 더 자세한 정보는 드러커 인스티튜트 웹사이트에서 찾아보실 수 있습니다.

2. 피터 드러커의 정신을 따라 살고, 일하고 싶어 하는 사람들이 드러커 인스티튜트에 기여할 수 있는 특별한 방법이 있습니까?

각국에 조직되어 있는 드러커 소사이어티 글로벌 네트워크에 참여하는 것이 드러커의 정신을 추구하며 살아가고자 하는 사람들이 기여할 수 있는 가장 좋은 방법입니다. 드러커 소사이어티는 생각한 바를 행동으로 실천하는 곳입니다. 드러커 인스티튜트는 네트워크의 주축으로서 기존 소사이어티들의 활동과 새로운 소사이어티의 출범을 지원합니다.

3. 독자들이 회원 가입 여부를 떠나, 드러커 인스티튜트 및 소사이어티로부터 최대한의 혜택을 얻을 수 있는 방법은 무엇입니까?

드러커 소사이어티로부터 가장 큰 혜택을 얻는 최상의 방법은 두말할 것 없이 이 단체에 가입하시는 것입니다.

만약 자원봉사를 할 시간적 여유가 없다면 가까이 있는 드러커 소사이어티를 당신의 회사나 비영리 단체, 혹은 정부기관으로 초대해 강연을 듣는 방법이 있습니다. 예를 들면, 모든 국가의 드러커 소사이어티는 드러커 인스티튜트에서 개발한 '사회적 책임의 수행(Closing the Responsibility Gap)'이라는 강연 프로그램을 제공할 수 있습니다. 이 45분짜리 프로그램은 사회 구성원으로서 우리가 사회의 여러 기관들, 사람들, 자원, 그리고 가치를 지키는 훌륭한 청지기 역할을 하지 못했다는 것을 설명하고, 드러커의 사상에 입각해 보다 나은 사회를 구현하기 위한 방법을 제시합니다.

드러커 인스티튜트에 직접 연락해 당신의 조직에서 '사회적 책임의 수행'에 대한
강연을 해달라고 요청할 수도 있습니다.

뉴욕의 드러커 소사이어티 소개

What Is the Drucker Society of New York City?

리 이겔 Lee Igel

뉴욕대학교의 경영학 교수이자 뉴욕시 드러커
소사이어티를 이끄는 리 이겔(Lee Igel)에게 드
러커 소사이어티의 활동에 대한 간단한 설명을
부탁했다.

뉴욕시 드러커 소사이어티의 임무는 뉴욕 지역사회 전반에 걸쳐 드러커의 원칙
을 행동으로 전환시키는 것입니다. 소사이어티 회원들은 우선 월례 미팅을 통해
임무를 수행합니다. 이 미팅에서는 주로 뜨거운 논쟁을 빚고 있는 중대한 사건
이나 주제에 대해 토론하는데, 피터 드러커가 우리에게 남긴 엄청난 양의 사상
들이 토론의 바탕이 됩니다. 회의의 주제에 따라 때로는, 과거 드러커가 개인적
으로 영향을 끼친 동료들이나 사상가들, 고객들, 혹은 친구들의 견해를 추가로
연구합니다.

어떤 경우든, 이 모임의 목적은 19세기 유럽의 살롱에서 밤에 모여 앉아 나눴던 형식의 지적인 대화를 나누자는 것이 아닙니다. 이 모임은 각각의 구성원이 인간사와 관련된 진정한 문제를 고민하고, 서로의 의견에 귀 기울이고, 서로의 생각을 모으며, 드러커의 철학을 어떻게 적용할 수 있을지 이해하고, 배운 것을 실천하기 위한 것입니다. 그렇습니다, 우리는 "이런 경우 드러커라면 과연 뭐라고 했을까?"라는 질문을 던지고, 답을 찾습니다. 그보다 훨씬 더 비중을 두는 것은, "무엇을 실행해야 하는가?"라는 질문과 그에 대한 해답을 찾는 일입니다.

나는 또한 뉴욕시 드러커 소사이어티 회원들이 분명한 목적의식을 가지고 자랑스러운 마음으로 뉴욕시를 대변한다고 말하고 싶습니다. 소사이어티는 전문적이고 다양한 배경을 가진 회원들로 이루어져 있습니다. 우리는 회원들이 다양하게 선택한 아이디어를 환영하며, 시간이 없어 한 달에 한 번 모임에 참석하는 것 역시 기꺼이 환영합니다. 또한 다른 회원들은 소사이어티 내에서 계획한 프로젝트에 참여하거나, 다른 지역 드러커 소사이어티나 드러커 인스티튜트와 공동으로 수행하는 프로젝트에 참여하기도 합니다. '잠들지 않는 도시'라고 불리는 뉴욕에서 다양한 일을 수행하며 바쁜 삶을 살고 있는 회원들을 배려하자는 생각에서입니다. 그러나 우리의 실행력과 그로 인해 도출되는 결과물들은 무한한 가능성을 갖고 있습니다. 즉 드러커 소사이어티의 회원들은, 우리가 지역사회에 이익이 되도록 행동하는 데 필요한 것들을 소사이어티가 제공해준다는 사실을 알고 있습니다. 그것이 우리가 우리의 공동체를 위해 더욱 사려 깊게, 그리고 효과적으로 기여할 수 있는 방법이라는 것을 믿습니다.

사회적 기업가정신
Social Entrepreneurship

"

마침내 세 번째이자 마지막 해답으로, '사회적
기업가들'이 있다. 이들은 대부분 사업가나 의
사 등으로 첫 번째 직업에서 성공한 사람들이
다. 그들은 자신의 일을 사랑하지만, 그 일이
더 이상 그들의 도전을 자극하지 못하고 있다.
그래서 그들은 다른 무언가를 시작하는데, 그
대부분이 비영리적인 활동이다.[62]

"

피터 드러커, 《21세기 지식경영》, 1999년

드러커가 1999년에 출간한 《21세기 지식경영》에서 발췌한 앞의 인용문은, 인생의 후반부를 성공적으로 항해하는 방법에 대한 세 가지 해답 중 한 대목이다(3장 참고). 특히 드러커가 1985년 펴낸 획기적인 저서 《미래사회를 이끌어가는 기업가정신(Innovation and Entrepreneurship)》이후, 기업가정신과 혁신에 대한 흥미가 높아지면서 많은 사람들이 이러한 개념들을 세상을 의미 있게 변화시키는 일들에 대한 관심과 결부시켰다. 조직적인 사고와 기업가정신을 발휘해 사회의 변화를 도모하는 사회적 기업가들은 기존의 비영리 단체들이 잘 해결하지 못했던 대목에 초점을 맞출 뿐 아니라, 그들과는 다른 관점에서 문제에 접근한다. 사회적 기업가는 꼭 인생의 후반부에 되는 것이 아니라, 인생의 어떤 단계에서도 될 수 있다.

오늘날 사회적 기업가정신은 매우 큰 관심을 불러일으키고 있으며, 유행이라고까지 말할 수 있는 위치에 있지만, 드러커는 이런 현상이 벌어지기 몇 년 전에 이미 사회적 기업가에 대한 글을 썼다. 이 특별한 기업가들은 자신의 열정을 대의를 향한 강렬한 헌신과 결합시킨다. 만약 그들이 이처럼 열정과 헌신이라는 자질을 모두 겸비하고 있지 않았다면, 그들의 조직 역시 오래가지 않았을 것이다. 이러한 종류의 일을 하려면 시간과 돈, 지속적인 모금 활동이 필요하며, 당신의 동기를 타인에게 설득시킬 수 있어야 하고, 그 동기를 실현시키기 위해 뭔가 생산적인 일을 할 능력이 있다는 것을 다른 사람들로 하여금 믿게 만들 수 있어야 한다. 이러한 일들은 종종 민간과 공공 부문들이 기업들과 파트너십의 형태를 취하거나 기금 조성을 위해 영리적 벤처의 형태를 띨 때 일어난다.

이 장에서 사회적 기업가들이나 사회적 기업 조직에 관해 읽으면서, 그들의 이야기가 당신의 상황에는 어떻게 적용될지 생각해 보라. 사회적 기업가가 되거나,

혹은 어떤 사회적 기업에서 일하고 자원봉사를 하는 것이 당신의 미래를 위해 중요한 일인가? 그들 사회적 기업가들과 당신의 배경에 공통점이 있는가? 당신은 사회적 기업가 활동을 하는 데 일반적으로 필요한 시간이나 돈을 쓸 준비가 되어 있는가? 새로운 비영리 단체 설립을 위해서는 대단히 강인한 체력과 거절당해도 좌절하지 않는 '두꺼운' 낯이 필요하다.

성공적인 사회적 기업가의 마음을 사로잡고, 당신이 적정한 수준의 열정과 헌신을 유지할 수 있을지 가늠해 보도록 도와줄 매우 훌륭한 책으로는, 빌 쇼어(Bill Shore)의 《내면의 성당(The Cathedral Within)》(1999)이 있다. 이 책은 그가 운영한 기근퇴치 비영리 조직인 '우리의 힘을 나누자(Share Our Strength)'라는 단체에서 자신이 한 일과 다른 사회적 기업가들이 한 일에 대해 기술하고 있다.

또 다른 책은 2004년 데이비드 본스타인(David Bornstein)이 저술한 《달라지는 세계 : 사회적 기업가들과 새로운 사상의 힘(How to Change the World : Social Entrepreneurs and the Power of New Ideas)》인데, 지역사회와 전 세계에 영향을 미친 사람들이나 조직들에 대한 사례 연구를 바탕으로 기업가정신에 대해 조사한 책이다. 1996년에 출판된 본스타인의 책 《그라민은행 이야기(The Price of a Dream)》는 사회적 기업가인 유누스 무함마드, 그리고 그가 방글라데시에 설립한 그라민은행에 관해 다룬 책이다. 유누스 무함마드는 가난한 사람들을 위한 마이크로크레디트(무담보 소액 대출) 개념을 최초로 창안해 2006년 노벨평화상을 수상했다.

빌 쇼어를 비롯한 여러 저자들은 1988년 하버드대학교의 학생인 마이클 브라운과 앨런 카제이에 의해 시작된 혁신적인 사회적 기업이자, 아메리코(Americorps)의 모태가 된 시티 이어(City Year)에 대해 저술한 바 있다. 이 조직에서는 젊은 사람들을 도시 빈민 지역에 파견해 일 년 동안 거주자들을 가르치고 멘토링을 하게 한다. 또한 시티 이어는 영리 조직과 성공적인 협력 관계를 형성했다. 이 프로그램은 드러커와도 관련이 있다. 2006년 드러커-이토 경영대학원의 학장이 된 아이라 잭슨은 보스턴은행 임원으로 재직할 때부터 오랫동안 시티 이어를 후원해왔다. 또한 2008년 드러커 인스티튜트의 고문으로 임명된 앨리슨 그랩와이스너는 로스엔젤레스 시티 이어의 임원이었다.

존 우드(John Wood)는 2006년에 사회적 기업가정신을 실천하기 위한 자신의 모험을 《히말라야 도서관(Leaving Microsoft to Change the World)》이라는 책에서 자세히 소개했다. 그는 높은 연봉을 보장하는 북경 마이크로소프트 사 임원직을 사임하고, 스톡옵션을 현금으로 받아 '독서하는 공간(Room to Read)'이라는 비영리 단체를 설립했다. 이 단체가 하는 일은 개발도상국에 학교와 도서관을 지어주는 것이며, 원래는 아시아 국가들만을 대상으로 했으나 지금은 아프리카에서도 활동을 벌이고 있다. 규모는 좀 더 작지만 이와 비슷한 비영리 활동으로, 아프리카에 도서관을 짓는 '루부토 도서관 프로젝트(Lubuto Library Project)'라는 것이 있다. 이 프로젝트는 워싱턴 D.C, 도서관 사서에서 사회적 기업가로 변신한 제인 키니 마이어에 의해 시작되었다. 프로젝트의 목표는 아프리카 전역의 길거리에서 떠도는 아이들과 취약계층 어린이들을 위해 많은 도서관을 설립하는 것이다. 첫 번째 도서관은 2007년 9월, 잠비아 루사카에 문을 열었다. 이런 조직의 사업은 같은 생각을 가진 사람들에게 의미 있는 자원봉사의 기회를 제공하는 좋은 예이다. 마이어는 지역사회에 있는 도서관과 학교, 도서관 연합회 웹사이트 등을 통해서 같은 일을 하는 도서관 사서들과 접촉했다.

빌 게이츠는 대단히 성공한 사업가가 사회적 기업가로 전환한 사례다. 그는 마이크로소프트 사를 공동 설립하고 경영한 후, 빌 앤드 멜린다 게이츠 재단(Bill and Melinda Gates Foundation)을 설립하고, 수많은 심각한 질병들과 세계적 이슈들에 효과적으로 맞서 싸웠다. 또한 게이츠는 그야말로 드러커가 말했듯이, 처음에는 본업과 병행 직업으로 시작했던 일을 결국 본업으로 대치하게 된 아주 좋은 사례를 보여주었다. 그는 2008년 자신의 재단에서 풀타임으로 일하기 위해 마이크로소프트 사에서의 일상적인 업무들을 중단했다.

빌 게이츠의 사례는 당신이 인생의 어느 지점에선가 마주칠지도 모르는 상황을 잘 보여주고 있다. 당신이 영리활동을 통해 충분히 많은 돈을 벌었다면, 이제는 지역사회의 이웃들이나 이 세계가 직면한 어려운 문제들에 맞서 싸우고 싶게 될 것이다.

당신이 보다 의미 있다고 생각하는 일을 하기 위해 직업을 전환하는 시점은 언제가 될 것인가? 만약 전환을 하기로 결정했다면, 사회적 기업가가 되는 것이 의미 있는 일을 하는 데 가장 좋은 방법인가? 아마 기존의 비영리 조직과 일하는 것이 더 나을지도 모른다. 또는 기존 사회적 기업가들과 파트너가 되어 쌍방 모두에게 혜택이 되도록 할 수도 있다.

사회적 기업가정신에 대해 보다 많은 것을 배울 수 있는 방법은 여러 가지가 있다. 윌리엄 드레이튼(William Drayton)이 이끄는 아소카(Asoka), 과거 이베이(eBay)의 중역이었던 제프리 스콜(Jeffrey Skoll)이 창설한 교육과 네트워크에 관한 조직 스콜 재단(Skoll Foundation) 등이 그 예다. 윌리엄 드레이튼은 사회적 기업가정신의 선구자로서, 1980년대 초 아소카를 설립하고 사회적 기업가들을 물심양면으로 후원했다. 그의 업적은 본스타인과 쇼어의 책에 잘 설명되어 있다. 또한 소셜엣지(Social Edge) 같은 웹사이트(www.socialedge.org, 스콜 재단

운영)도 있고, 듀크대학교와 컬럼비아대학교를 비롯한 여러 대학교에서 운영하는 사회적 기업가정신에 관한 프로그램이 있다. 드러커의 가치들을 본받고, 흥미로운 도전들을 경험해보고자 하는 지식 작업자들은 그들 인생의 새로운 국면으로서 사회적 기업가정신을 기꺼이 받아들일 것이다. 그러나 이 장에서 다른 무엇보다 중요하게 이야기한 것은, 이러한 활동에 참여하기 위해서는 사전에 철저히 준비가 되어 있어야 하고, 자신의 목표를 성취하기 위해 헌신을 다해야 한다는 점이다. 우선 새로운 자원봉사 일을 시작해 그 일이 자신이 원하는 대로 잘 되지 않으면 다른 자원봉사 일을 찾아보는 것도 한 방도가 된다. 새로운 조직을 구성하기 위한 모금 활동을 하고 스태프와 자원봉사자들을 찾음으로서 당신이 어떤 중요한 것을 하고 있음을 깨닫는 것은 또 전혀 다른 일이다.

타 기관들과 공조함으로써 사회적 기업가로서의 내 역할이 바뀌거나 강화될 수 있는

분야들을 내가 알고 있는가?

나는 기존 비영리 조직과 함께 일하거나 또는 좋은 의도를 갖고 있는 영리 기업과

파트너 관계를 가짐으로써, 사회적 기업가로서 사회 병폐들을 가장 잘 다룰 수 있다고

생각하는가?

DRUCKER'S LIFE AND WORK 피터 드러커의 삶과 일

드러커가 사회적 기업가 세계에 끼친 중요한 자극은, 이 장의 첫 부분에서 언급한 대로,

인생 후반부에 대한 설계와 자기관리를 위해 사회적 기업가로서 활동할 것을 조언한

점이다. 기업가정신에 관한 그의 책과 기사들은 독자들로 하여금 사회적 기업가로서의

활동을 고려하게 만들고, 기업가정신을 자신들의 삶에 적용한다면 어떻게 해야 할 것인가에

대해 판단할 자료들을 제공했다.

서번트 리더십

Servant Leadership

"

리더십이란 사람들이 비전을 더 높은 곳으로
설정하도록 하고, 성과를 더 높은 수준으로 끌
어 올리며, 인간 개성을 통상적인 한계 이상으
로 구축하는 것이다.[63]

"

피터 드러커, 조셉 A. 마시아리엘로, 《매니지먼트 개정판》, 2008년

맥스 드 프리는 허먼 밀러 사의 전 사장으로서 드러커의 오랜 고객이었으며, 드러커의 저서 《비영리 단체의 경영》에는 인터뷰 대상자로 참여하기도 했다. 맥스 드 프리는 자신의 저서 《성공한 리더는 자기 철학이 있다(Leadership Is an Art)》와 《리더십 재즈(Leadership Jazz)》, 그리고 해당 주제를 다루는 매체들에 실린 기고문들을 통해 서번트 리더십이라는 개념을 설파했다. 서번트 리더십은 리더를 따르는 사람들에게 필요한 재원을 제공해주는 데 주안점을 두어 그들이 가장 큰 활약을 펼칠 수 있도록 하는 것이다. 또한 서번트 리더십은 부하들의 개인적 성장에 초점을 맞추고, 개개인이 현재 설정한 목표보다 더 높은 수준의 목표를 갖게끔 기여하는 것에 중점을 둔다. 서번트 리더십은 리더보다 리더를 따르는 사람들을 더 중시한다. 그러므로 고도로 관대한 유형의 리더십이며, 카리스마나 후광이 아니라, 근면, 성실, 책임에 기반을 둔 것이라는 드러커의 신념과 일치한다. 이것은 리더를 따르는 사람들에게 에너지를 나누어주는 것이 아니라, 그들의 내면에서 자신들이 에너지를 만들어낼 수 있도록 도와주는 것이다.

서번트 리더십이라는 개념은 1970년대 후반, 퇴역 군인이자 AT&T의 인적자원 부문 임원을 역임했으며, 훗날 저술가이자 리더십의 대가가 된 로버트 그린리프(Robert K. Greenleaf)가 처음 제안한 개념이다. 드러커는 그와 개인적인 친분이 있었고, 1996년 출판된 그린리프의 저서 《섬김의 리더 되기(On Becoming a Servant Leader)》의 서문을 썼다. 서번트 리더십은 드러커가 집필을 했다면 썼을 개념이 아니다. 그러나 리더들은 겸손해야 하며 자신의 욕구보다 조직에서 필요로 하는 것을 우선시해야 한다는 관점은 드러커의 생각과 일치하고 있다.

리처드 슈버트(Richard F. Schubert)는 섬기는 리더의 역할에 대해 "자신들이 책임지고 있는 사람들을 도와주고, 그들이 업무를 수행하는 데 필요로 하는 것을 지원해주는 일"⁶⁴이라고 했다. 그는 미국 적십자사와 미국 등불재단(The Points of Light Foundation) 대표, 베들레헴 철강회사(Bethlehem Steel) 사장, 미국 노동부 차관을 역임하는 등 모든 분야에서 두루 활동을 했기 때문에, 리더십에 대해 고찰하기에 특별히 유리한 위치에 있었다.

서번트 리더(A Servant Leader)는 급여를 받을 수도 있고 받지 않을 수도 있다. 이번 장의 중요한 내용 중 한 가지는 사람들이 자신의 현재 업무나 또는 다른 영역에서 관대함을 발휘하여 다양한 삶을 살 수 있다는 것이다. 당신은 비영리 부문이나 다른 부문에서 무보수로 활동하는 리더로서뿐만 아니라 높은 임금을 받는 CEO로서도 서번트 리더십을 발휘할 수 있다. 당신이 임금을 받는지 안받는지와는 관계없이, 다른 사람의 욕구를 고려하며 개인의 성장을 우선시하는 것은 강력한 관대함의 표현인 것이다. 그들이 자신을 서번트 리더라고 부르든 그렇지 않든 간에, 피터 드러커를 따르던 사람들 중에는 드 프리, 헤셀바인, 버포드, 슈버트를 비롯해 수많은 서번트 리더들이 있었다. 또 다른 서번트 리더들로는 미국 소년소녀 클럽(Boys & Girls Clubs of America) 대표이자 경영자인 록산느 스필렛(Roxanne Spillett), 미국 걸스카우트 총재인 케시 클로닝거(Kathy Cloninger), 서비스마스터(ServiceMaster)의 전 회장이었던 윌리엄 폴라드(William Pollard), 그리고 대형 중개회사 에드워드 존스(Edward Jones Co.)의 전 파트너였던 존 바흐만(John Bachmann) 등이 있다.

내가 현재 일하는 곳 또는 과거 일했던 곳에서, 서번트 리더라고 할 만한 사람이 있는가?

그 사람들의 어떤 특성이 나에게 가장 큰 영향을 미쳤는가?

만약 내가 리더라면, 내가 내 책무들을 수행하는 방식이 서번트 리더십에 부응하는지?

DRUCKER'S LIFE AND WORK 피터 드러커의 삶과 일

드러커는 어느 특정한 조직의 수장이 되기 보다는, 진정한 사고의 리더가 되어 전 세계 수백만 명의 삶을 향상시키고 비옥하게 만드는 최고의 업적을 남길 수 있었다. 드러커의 효과성은 드러커를 따랐던 많은 열정적인 사람들이 그들 나름의 올바른 리더들이 된 사례들로서 검증이 되었다.

멘토십

Mentorship

"

다른 사람을 가르쳐야만 하는 사람이 가장 많
이 학습을 할 수 있듯이, 다른 사람들이 스스
로 발전할 수 있도록 도와주는 사람만큼 자기
개발을 많이 하는 사람은 없다.[65]

"

피터 드러커, 조셉 A. 마시아리엘로, 《매니지먼트 개정판》, 2008년

드러커는 《비영리 단체의 경영》이라는 책을 쓰면서 다른 사람들과 멘토십을 주고받는 일의 중요성에 대해 맥스 드 프리와 인터뷰를 했다. 일반적으로 멘토십은 형식에 치우친 관계가 아니며, 멘토십을 제공하는 것은 까다로운 일이기 때문에 사람들은 공식적으로 또는 비공식적으로 멘토를 구하는 방법을 찾아야 한다. 그들은 한 명 이상의 멘토가 필요할 수도 있고, 경력의 성장과 발전에 따라 멘토를 바꾸어야 할 수도 있다. 또 한 가지 고려할 사항은 멘토를 자신이 속한 조직 안에서 찾을 것인가, 외부에서 찾을 것인가 하는 점이다. 멘토링을 받는 사람은 자신이 받고 있는 멘토링이 정확하고 적절하다는 고도의 신뢰를 가져야 한다.

멘토십은 조직 내에서 단순히 '누군가에게 어떻게 해야 할지를 보여주는 것' 이상의 의미가 있다. 거기에는 이따금 현재 조직 내에서 당신이 맡고 있는 역할과는 일치하지 않는 더 폭넓은 커리어와 삶에 대한 충고가 포함된다. 그러므로 만일 당신의 멘토가 같은 조직에서 일하는 사람이라면 주의를 기울일 필요가 있다.

그럼에도 불구하고 멘토십에 있어서 관대함을 베푸는 일은 관대함을 받는 것만큼이나 중요하다. 멘토십은 어떤 조직에서도 발생할 수 있는, 세상에서 가장 보편적인 일이다. 그것은 다소 덜 체계적인 방법이긴 하지만, 남을 가르칠 때 얻을 수 있는 자기만족과 자기개발의 효과 같은 것들을 대부분 맛볼 수 있게 해준다. 이번 장의 서두에서 인용한 드러커의 말처럼, 멘토십은 받는 사람에게만 이득이 되는 것이 아니라 멘토십을 제공하는 사람에게도 이득이 된다. 드 프리는 멘토십을 조직 내에서 공식적인 프로그램으로 도입하기는 쉽지 않다고 했다. 그 이유는 두 사람 사이에 공감대가 형성되어야 하는데, 멘토십을 공식적으로 수행하도록 할 때는 공감대 형성이 쉽지 않기 때문이다.

드러커는 리더들이 조직 내에서 인재를 계발하는 능력을 갖춘 사람을 찾아야 하며, 그들의 중요한 기여에 대해 칭찬하고 인정해야 한다고 하였다. 하지만 "남을 위해 멘토십을 제공할 때는 무한한 책임감이 필요하다"고 하는 동시에 "특히 초보자일 경우, 무한한 책임감이 필요하다고 생각한다"고 그의 저서에서 밝혔다. 드러커는 이어서, "그러나 그는 또한 (그의) 멘토가 필요하다"[66]고 했다. 그리고 마지막으로 당신의 최근 활동들이 여전히 이치에 맞는 것들인지 성찰하게 하고, 당신이 재능과 능력을 최대한 발휘할 수 있도록 도와주어 당신의 발전을 인도해 수 있는 멘토의 중요성을 강조했다.

지식 작업자들은 다른 사람들의 인생에 이런 중요한 역할을 할 기회가 무척 많다. 조직 안에서 공식적으로 멘토링을 할 수도 있고, 직장이나 비영리 단체의 공식 프로그램을 통해 시행할 수도 있으며 친구들 사이에서 비공식으로 멘토링을 할 수도 있다. 또 하나의 가능성은, 만일 당신이 가르치는 일을 하는 사람이라면, 드러커가 비공식적으로 늘상 그렇게 했던 것처럼, 과거의 제자들에게 멘토링을 해 주는 것도 좋은 방안이 될 것이다.

자기개발을 하는 데 멘토의 도움을 받고, 훗날 그들의 공헌을 깨닫게 된 적이 있는가?

그들은 무슨 공헌을 했는가?

나는 다른 사람에게 공식적으로, 혹은 비공식적으로 멘토의 역할을 한 적이 있는가?

있다면 그런 경험을 통해 내가 얻은 것은 무엇인가?

DRUCKER'S LIFE AND WORK 피터 드러커의 삶과 일

《비영리 단체의 경영》이라는 책에서 드러커는 과거 몸담았던 두 조직에서 함께 일한

상사들로부터 받은 영향에 대해 썼는데, 그들은 엄격하고 많은 요구를 하는 사람이었으나

드러커의 말을 잘 경청해주고 필요한 경우 격려를 잘해주는 사람이었다.

드러커가 공식적인 멘토링을 받은 것은 아니지만 상사도 멘토와 같은 역할을 할 수 있다.

드러커는 앞서 이 책에서 언급한 밥 버포드나 존 바흐먼처럼 뛰어난 업적을 거둔 사람들 등

다수에게 멘토 역할을 했다.

4장 질문 요약

자원봉사 - 친구들과 동료들의 자원봉사 경험에 대해 물어보고, 거기에서 배울 점은 무엇인지 생각해보라. 또한 당신이 자원봉사를 하고자 하는 첫 번째 이유가 무엇인지 생각해보라. 당신의 삶에 의미를 부여하려는 것인지, 자원봉사를 하지 않는다면 접할 기회가 없는 새로운 도전 혹은 새로운 사람들과의 만남을 위해서인지 생각해보라.

비영리 조직 - 만약 당신이 영리 조직에서 일하고 있다면, 성공적인 비영리 조직에서 무엇을 배울 수 있는지 생각해보라. 또한 이런 비영리 조직과 어떤 종류의 파트너십을 맺을 수 있을지 생각해보라.

사회적 기업가정신 - 만약 당신이 영리 단체에서 일하고 있다면, 비영리 단체와 어떤 파트너십을 형성하고 발전시켜 나갈 것인지 생각해보라.

서번트 리더십 - 당신이 현재 함께 일하고 있는 리더와 과거에 일했던 리더에 대해 생각해보라. 그리고 그들이 서번트 리더의 자격이 있는지 없는지 생각해보라. 그리고 자신도 서번트 리더의 범주에 들어가는지 생각해보라.

멘토십 - 당신의 발전을 도와주었던 멘토들을 생각해보라. 또한 그들이 당신에게 기여한 바를 생각해보라. 당신이 멘토로서 지금까지 한 일과 앞으로 할 일들에 대해서도 생각해 보라.

내용 요약 & 다음 단계

이번 장에서는 지식 작업자가 자신의 시간과 재능을 공유하면서 얼마나 다양하고 건설적인 방법으로 관대하게 될 수 있는가에 대해 살펴보았다. 다음과 같은 내용을 배웠다.

- 자원봉사가 어떻게 사회의 끝없는 난관과 문제들을 해소하는 데 도움을 줄 뿐만 아니라, 개인의 직업적인 성장과 성취감을 얻을 기회까지 제공하는가.
- 현대 사회에서 피터 드러커와 관련된 두 기관(프란시스 헤셀바인 리더십 인스티튜트와 드러커 인스티튜트)을 포함한 비영리 단체들의 중요성.
- 비록 영리 기업들과 제휴를 맺기도 하지만 근본적으로 자신이 몸담고 있던 영리 조직을 떠난 기업가들이 어떻게 자신의 에너지와 혁신성을 새로운 비영리 단체와 기회를 창출하는 동력으로 전환시켰는가(비록 기업계와 파트너로 지내더라도).
- 서번트 리더십이란 리더들이 자신들의 욕구보다 그들을 따르는 이들의 욕구를 먼저 돌보면서 관대함을 표현하는 것이다.
- 덜 체계적인 방법이긴 하지만 멘토십이 가르치는 것과 같은 심리적 혜택들을 제공할 수 있는 이유.

5장 '가르치고 학습하라'에서는 가르침, 평생학습, 지속적인 학습을 통해 인생의 폭을 넓힐 수 있는 기회들과 그로 인한 많은 장점들에 대해 살펴볼 것이다. 또한 어떻게 기술의 발전이 드러커가 살았던 시대에는 불가능했던 엄청난 기회들을 가져다주었는가에 대해서도 살펴 볼 것이다.

총체적인 삶의 목록을 만들기 위한 힌트

1장에서 살펴본 총체적인 삶의 목록 14가지에 포함된 자원봉사 활동(10번째 범주), 비영리 조직과 사회적 기업가정신(11번째 범주), 멘토링(12번째 범주)은 물론이고, 당신이 관대함을 베풀 수 있는 방법은 매우 많다.

다른 범주의 활동들, 그리고 그 범주 내의 사람들을 관대함의 영역으로 이끌 방법에 대해 생각해보라.

예를 들어 가족구성원, 동료, 친구, 지인 등 처음 다섯 가지 범주에 해당되는 사람들을 당신의 자원봉사나 기타 비영리 단체 활동에 동참시킬 방법에 대해 생각해보았는가? 어떤 가족들은 그룹을 만들어 자원봉사 활동을 한다. 직장이나 같은 직업군의 사람들 사이에서 그룹을 조직하거나, 기존 그룹에 가입하는 것도 가능하다.

전문가 단체와 학회 같은 곳(7번째 범주)에는 자원봉사 활동을 하면서 지도자 경력까지 쌓을 수 있는 기회들이 대단히 많다.

가르치는 일에서는(9번째 범주), 당신은 자원봉사자로서 기회들을 발견할 수도 있고, 또는 사회적 기업 벤처를 위한 가능성을 발견할 수도 있다. 정신적/종교적 (13번째 범주) 영역에는 자원봉사를 하거나 멘토십, 사회적 기업가정신, 그리고 서번트 리더십을 발휘할 수 있는 기회가 무수히 많다.

당신의 목록에 창의적으로 접근하고 그것이 생명력 있는 문서가 되도록 하려면, 끊임없이 조언을 구하고, 덧붙이고, 삭제할 것은 삭제해야 한다. 2장에 있는 효과적인 시간 활용, 우선순위의 설정, 체계적인 폐기에 대한 내용을 다시 읽어보

면 이러한 중요한 새로운 영역들을 당신의 삶에 추가하는 방법을 터득할 수 있
게 될 것이다.

5

가르치고 학습하라

Teaching and Learning

"

정보화 시대에는 모든 기업들이 학습조직
(learning institutions)이 되어야 한다고 말한
다. 기업들은 동시에 가르치는 기관(teaching
institutions)이 되어야 한다.[67]

"

피터 드러커, 《미래를 위한 경영 : 1990년대와 그 이후》, 1993년

가르치기와 배우기의 세계는 드러커의 삶과 밀접하게 관련되어 있다. 드러커의 그칠 줄 모르는 왕성한 호기심은 전 생애에 걸쳐 지속되었고, 그 호기심이 그의 업적을 가능케 했다. 드러커의 주요한 학습 방법 중 한 가지는 바로 가르치는 것이었고, 이것은 우리가 고려해볼 만한 이점일 것이다.

지식 작업자들에게 가르치는 것과 배우는 것은 어떤 일에 관계하거나 참여하기 위한 많은 선택 가능한 대안들을 제시하고, 자신을 차별화시키며, 개인적 성장과 자기개발의 많은 기회를 제공한다. 가르치기와 배우기는 하나 이상의 세계에서 살아가기 위한 초석이 된다. 왜냐하면 가르치고 배우는 것을 통해 자신이 정기적으로 수행하는 일 이외의 일에 관여할 수 있게 되며, 그런 일을 하면서 자신과는 다른 사람들 그리고 자신이 일상적으로 만나는 사람들과 다른 사람들을 만날 수 있다. 가르치기와 배우기는 지식 작업자들에게 개인적 성장을 위한 발판을 제공한다.

어떤 활동이든 당신의 총체적인 삶의 목록에서 중요한 부분이 될 수 있고, 그것은 목록의 다른 부분들에 영향을 끼치게 된다. 예를 들어, 당신이 자원봉사로 누군가를 가르치는 경우 가르치기와 배우기, 자원봉사 경력 모두에서 혜택을 얻을 수 있다. 또 당신과 상호작용하는 사람들을 친구 혹은 전문 분야의 동료들 목록에 올릴 수 있다. 가르치는 것은 특히 당신에게 더 나은 사회를 만들 수 있는 기회를 제공한다.

당신은 가르치는 일을 통해 타인의 개인적 발전에 도움을 줄 수 있는 기회를 만들 수 있는데, 이는 정규 직업에서는 경험하기 어려운 것이다. 어떤 경우에는 정규 직업의 일환으로 가르치고 배울 수 있다. 지식 작업자들은 가끔 강의실 교육이나 작업장 내에서 훈련을 받기도 한다. 만약 당신이 대규모 조직에서 일하고 있다면 일반적으로 현장 학습이나 정기적인 교육훈련을 통해 지속적으로 학습할 수 있는 기회가 있다. 일부 직장에서는 대학원 학위를 취득할 수 있도록 수업료를 지원하기도 한다.

워크숍, 세미나, 전문가 협회와의 정기적 회의를 통해서도 무언가를 배울 수 있는 기회를 가질 수 있다(물론 가르칠 수 있는 기회를 가질 수도 있다). 꾸준히 새로운 것을 학습하는 것은, 장점은 살리고 약점은 최소화하라는 드러커의 소중한 아이디어와 관련이 있다. 당신은 지금 하는 일과 지속적으로 배우는 일을 통합하면서 장점을 키워나갈 수 있고, 반드시 핵심역량의 일부는 아니더라도 무언가를 무리 없이 할 수 있는 수준으로 학습해서 약점을 최소화할 수 있으며, 핵심역량의 일부로 만들 수도 있다.

다소 거친 면도 있으나, 드러커의 현실적이고 고무적인 스타일은, 이를테면 당신이 수학자로 태어나지 않았더라도 필요할 때 그 지식을 적용할 수 있을 만큼 충분히 학습할 수는 있다고 말하는 것이다. 드러커의 견해에 의하면, 다양한 대상을 아는 것은 지식 작업자들로 하여금 동료가 수행하고 말하는 것을 이해하도록 돕는다. 드러커는 직장 내 동료들 간의 의사소통과 책임감의 중요성을 강조했다. 그는 또한 자신의 전문 분야 이외의 다른 분야에 대해 학습하는 것은 효과적인 의사소통을 위해 대단히 중요하며, 자신이 다른 사람들에게 얻는 정보에 대한 책임있는 감독의 일환으로서도 대단히 중요하다고 강조했다. 과거와 달리 정보화 시대에는 사람과 아이디어가 밀접한 관련을 맺고 있다.

드러커의 지적 호기심은 정신 상태를 활동적으로 유지시키고 아주 나이가 들어서도 살아있다고 느끼게 하는 요인 중 하나였다. 지적 호기심 때문에 드러커는 90세 이후에도 존재가치를 유지할 수 있었고, 수많은 책을 집필할 수 있었다. 인간 수명이 늘어나면서 노동 기간이 길어지고 은퇴시기에 이르러 좀 더 지적인 도전을 찾게 되면서, 많은 지식 작업자들은 유사한 존재가치를 유지하려는 욕구를 갖게 될 것이다. 점점 더 많은 사람들이 저렴한 비용으로 강의를 수강하기 위해 은퇴 후 대학가로 이동하고 있다. 많은 학교들이 '일일대학교(University for a Day)' 강의를 개설하고 있는데, 이곳에서는 수많은 시민들이 교수들의 일일강의에 상대적으로 적은 비용을 지불한다. 당신은 어떤 주제에 대해 관심을 가지고 있는가? 당신은 다른 사람들에게 무엇을 가르칠 수 있다고 느끼는가?

지속적인 학습

Continuous Learning

> "
> 지식 작업자들은 지속적인 학습과 훈련을 기
> 대한다.[68]
> "

피터 드러커, 조셉 A. 마시아리엘로, 《매니지먼트 개정판》, 2008년

드러커는 비영리 조직에서 자원봉사자를 모집하고 유지할 수 있는 3가지 요인 중 하나가 바로 지속적인 학습이라고 말한다. 비영리 조직이 지속적인 학습 기회를 제공함으로써 자원봉사자가 특정 주제를 선택하거나 뭔가에 공헌하고 싶게 만들고, 이러한 주제에 대해 학습할 기회를 원하거나 자원봉사자로 그들의 역할을 수행하면서 성장할 수 있게 하는 것이다. 이것은 비영리 조직이 자원봉사자들에게 어떠한 작업 상황에 제공할 수 있는 혜택들을 능가한다. 물론 앞에서 언급한 것처럼 많은 회사는 지속적인 학습 기회를 제공하지만, 현재 수행하고 있는 업무에 대한 학습 기회에 만족하지 못하거나 교육 내용이 업무와 관련이 없다면, 이런 지속적 학습 기회가 주어지는 자원봉사가 중요한 교육적 자원이 될 수 있다.

그러나 지속적인 학습을 자연스럽게 일상의 일부로 통합하는 방법을 발견하는 것은 전적으로 지식 작업자 개개인에게 달려있다. 이것은 자신의 우선순위와 배우고 싶은 것, 그리고 어떻게 배울 것인가를 결정하고, 학습 받을 시간을 어떻게 마련할지 파악하는 것들을 의미한다. 많은 사람들에게 지속적인 학습은 공식적인 강의와 독립적인 학습을 병행하는 것들을 포함한다. 독립적인 학습은, 이를테면 책이나 논문을 읽고 온라인에서 관련된 자료를 찾으며 직접 관찰하거나 다른 사람들에게 물어가며 배우는 것이다. 당신은 어떻게 최고의 방법으로 배우고 있는가? 당신은 강의실에서 하는 학습이 최고라고 말할 것인가, 혹은 독서나 직무를 통한 방법을 최고라고 말할 것인가? 무엇이 더 심도 깊은 학습이라 할 수 있는가?

기능사회를 바라보는 드러커의 강력한 비전 속에서, 교육은 항상 핵심적 역할로 강조되었다. 지식 작업자들은 공식적인 악교교육 기간 동안 학습을 시작하게 되며, 전 생애를 통해 결코 학습을 멈춰서는 안 된다. 지식 작업자들은 학과 지식 이상의 학습 능력을 개발해야 한다. 지식은 항상 퇴화하고 있으며, 새로운 주제들이 지속적으로 나타난다.

드러커는 학습은 지속적이어야 할 뿐만 아니라 특히 업무와 관련해서는 평생 계속해야 하는 것이라고 강조했다. 학습은 의무라기보다 만족과 기쁨의 원천으로서 고려되어야 한다. 우리 사회와 조직은 지식과 정보를 기반으로 구축되어 있기 때문에 평생 학습은 지식과 정보 사회의 구축을 위한 확실한 주춧돌이라고 할 수 있다. 또 드러커는 더 많은 사람들이 이러한 관점에 대해 확신을 갖도록 해야 하지만, 우리 사회에서 이러한 개념을 조직적인 방법으로 설득하지 않았다는 점을 인지하고 있었다. 만약 우리 기관들이 진정으로 지속적 변화에 맞춰 조직화되려면, 작업자들은 동일한 관점을 체화해야 한다.

의료와 같은 일부 전문직에서는 지금까지 다져진 기반 위에서 새로운 기술과 개념을 전문의들로 하여금 계속 습득하기 위해 지속적인 교육을 받도록 요구하고 있다. 우리의 주치의나 치과의사가 직업이 요구하는 최신 지식에 빠르게 대응하지 못한다면, 우리는 그들에게 불편함을 느끼게 될 것이다.

다행히 지식 작업자 교육을 위한 기회는 무한하며, 온라인 시대에는 더욱 그렇다. 커뮤니티 칼리지들을 비롯해 지역과 시에서 제공하는 과정들은 새로운 기술을 습득하거나 정교화하며, 새로운 관심 분야로 활동 영역을 확장하려는 시도를 할 수 있는 방법들을 제공해 주고 있다.

비교적 비공식적 학습 기회는 다음과 같은 모임들에서 풍부하게 제공된다.

· 산업 & 전문 콘퍼런스

- 무역 박람회
- 세미나
- 온라인 웹 세미나
- 지역 대학교들에서 시민들을 대상으로 하는 강좌
- 서점과 학교에서 열리는 작가와의 대화
- 작업장과 기타 장소에서 열리는 '브라운 백(Brown bag, 간단한 점심을 곁들인 자유로운 토론 모임)' 이벤트

전 세계 대학교들의 웹사이트는 온라인 리서치, 강의 노트, 강의 계획서, 관련 서적 목록 등을 통해 비공식적인 학습 기회를 제공한다. 이러한 사이트들 일부에서는 강의와 교육 프로그램을 팟캐스트(인터넷 상의 라디오 및 TV 방송)를 통해 제공하기도 한다.

이번 장을 시작하면서 언급한 학습조직(learning institutions)에 대한 인용에서 드러커는 피터 셍게(Peter Senge)의 영향력 있는 저서 《The Fifth Discipline》(1990)의 기초가 되는 학습조직(learning organization)의 구축에 공감하였다. 셍게의 비전에 의하면, 이러한 유형의 조직은 5가지 상호 연관된 수련에 참여하는 조직의 구성원들을 통해 합동하고 발전해간다. 5가지 수련은 개인적 숙련, 정신적 모델, 공유비전의 구축, 팀 학습, 그리고 시스템적 사고를 포함한다. 셍게는 이 5가지가 "사람들이 진심으로 기대하는 결과를 창출할 수 있는 능력을 지속적으로 확대해가고, 새롭고 폭넓은 사고의 유형을 창출하며, 집단적 열망을 자유롭게 나타낼 수 있고, 지속적으로 함께 학습하는 방법을 배워가는 조직"[69]이라고 설명하고 있다. 이후 셍게와 드러커는 2001년 비디오 상에서 〈변화 시대를

이끌어가기 : 피터 드러커와 피터 셍게의 대화(Leading in a Time of Change : A Conversation with Peter F. Drucker and Peter M. Senge))라는 워크북을 함께 작업하며 협력했다. 이것은 학습에 대한 것은 아니었지만 중요한 주제에 대한 최고 학자들 간의 상호교류에 호기심을 갖고 지켜보던 사람들에게 매우 흥미로운 자료가 되었을 것이다.

기업은 평생개발의 중요성에 대해 인식해왔다. 기업은 모든 종류의 훈련에 엄청난 투자를 하고 있다. 특히, 컴퓨터 하드웨어와 소프트웨어 분야에서 그러하다. 현재 일부 조직들은 학습담당 임원들(Chief Learning Officers)을 두고 있다. 이러한 사람들은 경영진들을 포함한 조직의 교육과 훈련 프로그램에 대해 책임지고 있다. 이 부서의 임원은 커리큘럼을 설계하고, 교사와 강사를 배치하고, 온라인 학습 기회를 제공한다. 마찬가지로 그들은 조직 구성원들이 미래의 도전에 직면할 수 있도록 필요한 주제들에 대해 배울 수 있도록 돕는다.

많은 기업들은 맥도날드의 햄버거대학, 모토로라대학, 그리고 그 유명한 GE의 뉴욕 크로톤빌연수원 같은 훌륭한 사내 학습 프로그램을 개발해왔다. 크로톤빌연수원은 잭 웰치가 최고 경영자로 재직했을 당시 널리 알려졌고, 잭 웰치가 일부 강의를 직접 맡기도 했다. 지금은 그의 이름을 기리는 뜻에서 '잭 웰치 리더십개발센터(John F. Welch Leadership Development Center)'라고 부르고 있다. 이러한 사내대학은 일하는 사람 각자가 받았던 단독 수업이나 훈련보다 훨씬 정교한 내용들을 집중적으로 가르친다. 사내대학은 예를 들어, 새로운 소프트웨어 프로그램이나 특정 유형의 컴퓨터 하드웨어를 활용하는 방법을 가르치는 것(특히 후자의 주제는 중요하며 이러한 유형의 학습은 조직 내에서 여전히 유효하다)보다도 리더십과 고급 경영기법들과 같은 주제들을 종종 더 많이 다루고 있다.

당신은 고급과정의 학위 취득을 원할 수도 있는데, 이는 비즈니스 세계에 몸 담고 있는 사람들에겐 MBA(Master of Business Administration)가 될 것이다. MBA학위를 취득했든, 아니든 높은 직급을 보다 많이 경험한 사람들은 드러커가 초창기에 클레어몬트에서 1970년대에 개척한 학위 과정인 최고 경영자 MBA 과정(EMBA)들 중 선택할 수 있게 되었다. MBA나 다른 유형의 대학원 학위를 취득하는 것은 여러모로 가치 있는 일이다. 당신은 배운 것을 뛰어넘어, 기회를 열어주고 제공해주는 강력한 동문 네트워크에 가담할 수 있다. 당신이 일하던 곳이나 그 밖의 다른 곳에서 더 높은 연봉과 더 영향력 있는 직위를 요구할 수 있게 된다.

어떤 종류의 대학원 학위를 취득할지는 깊이 있게 생각하고 가족들과 논의하고 결정해야 할 중요한 사안이다. 비용문제 즉, 갚아야 하는 부담이 따르는 학자금 대출이 발생하기 때문이다. 오랜 시간이 소요되는 이러한 유형의 학습 과정을 시작하려면 명확한 목표와 이유가 있어야 한다. MBA과정에 대해 고민하는 사람들은 마크 알비온의 2008년 저서 《돈 이상의 것 : MBA 프로그램이 대답해야 할 질문(More than Money : Questions Every MBA Needs to Answer)》을 읽어볼 필요가 있다.

많은 대학들은 리더십, 마케팅, 재무관리, 그리고 세계화에 초점을 둔 많은 단기 교육 프로그램들을 제공하고 있다. 이러한 프로그램들의 범위와 가능성은 드러커가 가장 좋아하는 언론 중 하나인 영국의 주간지 〈이코노미스트〉의 뒷장들에서 볼 수 있다. 당신은 하버드대학교, 옥스퍼드대학교, 암스테르담대학교, 그리고 IESE 비즈니스 스쿨(스페인 나바라)과 같은 곳의 현지 수업 및 온라인 프로그램에 대한 수많은 광고를 볼 수 있을 것이다.

온라인상에서 학위를 취득하는 것뿐만 아니라, 자신의 페이스를 유지하고 일하면서 수강할 수 있는 많은 온라인 과정들이 있다. 드러커는 온라인 학습 모듈을 개발하기 위해 이러닝(e-learning) 회사 코페디아(Corpedia)와 함께 일했다. 드러커는 이러한 과정의 올바른 구성을 제안하기 위해 상당한 시간을 투입했다고 말했다. 그는 그러한 과정이 학생들에게 다른 사고방식을 요구한다는 것과, 단순히 강의실 경험의 반복이 될 수 없다는 것을 인식했다. 온라인 과정은 교수와 학생들이 직접적으로 상호작용하는 강의실 환경이 아니기 때문에, 다른 접근방식을 가지고 학습자 스스로 완벽히 배워야 한다(그러나 일부 온라인 과정에서는 웹이나 전화를 이용해 교사와 학생들의 상호작용을 제공한다는 사실에 주목해야 한다). 또한 드러커는 보다 많이 컴퓨터 기반 참여방식으로 변화해가는 교육의 특성이 많은 사람들에게 학습 과정의 결과를 변화시킬 거라고 믿었다. 중요한 이유 중 한 가지는 컴퓨터는 지속적이고 비인격적이라는 점이다. 학생들은 교수와 다른 학생들이 함께 학습하는 것보다 컴퓨터 프로그램으로 상호작용할 때 덜 서두르게 되고 압박도 덜 느낄 것이다. 전통적 방식으로 학습하는 것에 어려움을 느끼는 사람들은 새로운 방법이 적용되는 환경에서 훨씬 더 좋은 학생이 될 수 있다는 것을 발견할 것이고, 반면 현 시스템 하에서 뛰어난 사람들은 새로운 질서가 더욱 도전적이라는 사실을 발견할 것이다.

나 자신에게 던지는 질문

나는 의식적으로 삶 속에서 지속적으로 배우려 하고 있는가?

콘퍼런스와 전시회에 참가할 때 어떤 강의에 참가해 무엇을 배워야 할지 선택하는 것처럼

최고의 학습 기회를 만들기 위한 전략을 미리 구상하는가?

피터 드러커의 삶과 일

드러커는 지식 작업자가 정기적으로 강의실로 돌아가서 배워야 한다고 주장했지만,

역설적으로 정작 본인은 이를 공식적으로 하지 않았다. 그는 1931년 독일의

프랑크푸르트대학교에서 국제법 박사학위를 취득한 후 다른 학위를 따지 않았다.

박사학위는 당신이 취득할 수 있는 공인된 최고의 학위다. 드러커는 다른 주제의 공식적인

학위 프로그램에 등록할 수 있었겠지만 그렇게 하지 않았다. 그는 자신의 삶에서 스스로를

가르치는 행위, 즉 엄청난 양의 독서와 지식에 대한 탐구, 그리고 성공한 사람들과의

개인적인 접촉을 하며 다른 방식으로 지속적인 학습을 추구했다.

가르치는 사람으로서의 지식 작업자

Knowledge Workers as Teachers

"

지식 작업은 지식 작업자에게 지속적인 학습
을 필요로 하는 동시에 지속적 가르침을 요구
한다.[70]

"

피터 드러커, 조셉 A. 마시아리엘로, 《매니지먼트 개정판》, 2008년

지식 작업자들은 다양한 공식적·비공식적 환경에서 가르치는 행위를 통해 많은 이익을 얻을 수 있는 충분한 기회가 있다. 이것은 지역 대학교에서 겸임교수직을 맡아 학교가 제공하는 온라인 강의를 하고, 직장이나 콘퍼런스에서 발표를 하고, 신앙을 키우는 곳에서 자원봉사로 가르치며, 개인교습을 하고, 전문적인 학회와 협회에서 발표를 하거나 인턴십을 지도하는 것 등이 될 수 있다. 최고의 교사는 자신이 가르치는 학생들의 삶을 더 향상시킨다. 업무에서 가시적인 결과나 이득을 확인하고 싶어하는 지식 작업자는 가르치는 것에서도 만족을 얻을 것이다.

만약 당신이 현재 가르치고 있지 않으나 가르치는 일을 시작하고 싶다면, 지금이 당신에게 열려 있는 기회들을 고려할 최적의 시기다. 가능한 학교, 종교 단체, 전문적인 학회, 자신의 직장 등 시작할 수 있는 곳을 살펴보라. 만약 비슷한 내용을 가르치는 사람을 알고 있다면 어떻게 시작했는지 물어보고 더 많은 정보를 찾기 위해 그 사람과 만나 볼 필요가 있다. 초등학교나 고등학교는 가르칠 수 있는 일종의 전문 자격증이 필요하겠지만 대학교에서 가르치는 데는 이러한 것이 필요 없다. 그러나 가르치고 싶은 주제와 관련된 학위가 필요할 수도 있다. 가르치고 훈련하는 기회는 앞서 언급한 사내 프로그램들을 통해서 얻을 수 있다. 이러한 경험은 다른 곳에서 더 공식적인 교육으로 이어질 수도 있다. 많은 사람들은 종교 단체에서 새로운 사람을 만나고, 새로운 주제를 배우며, 알고 있는 것에 대해 더 배우는 것 등 가르치는 기회를 통해 보상받을 수 있음을 발견하게 된다.

드러커는 지식 작업자들이 가르칠 때 가장 잘 배울 수 있다고 주장했다. 직업 동료들을 가르치면서 자신의 생산성과 성과를 향상시킬 수 있다. 이것은 자신이 관심 있어 하는 주제를 지속적으로 새롭게 해나가는 원동력이 되며 다른 사람들과 소통하는 법을 배우게 한다. 가르치는 것은 지식 작업자들에게 전에 미처 생각해 보지 않았던 방식으로 지식을 논리적으로 조직화할 수 있게 하는 기반을 제공한다.

가르치는 것의 또 다른 유익은 일상의 동료들과는 완전히 다른 집단의 사람들과 만나 일할 수 있다는 것이다. 학생들을 만나는 것 외에도, 당신 수업에 초빙강사, 연사, 패널리스트 등을 초대할 수도 있다. 이런 행위는 개인적인 네트워크를 넓히고 자신의 삶을 풍부하게 해줄 수 있다. 반대로 자신이 다른 사람의 수업에 초청강사나 패널리스트로 참여할 수도 있을 것이다. 이것은 가르치는 것을 '해 봄(get your feetwet)'으로써 터득해 나가는 최선의 방법이 될 것이다.

교사로서 제2의 직업 혹은 병행 직업을 개발하려는 사람들은 이런 가르치는 기회를 통해 그들이 가지고 있었지만 미처 깨닫지 못했던 재능을 종종 발견하게 된다. 가르치는 일은 사람들을 다른 방식으로 다루게 하며 강의실과 학생들에 대한 관리를 요구한다. 이것은 조직 내 전임 관리자가 되기를 원하지는 않으나, 자신의 삶 속에 관리 활동을 구축하고 싶은 사람들에겐 유익할 수 있다. 가르치는 기간을 고려할 때, 클래스는 학기가 진행되는 동안 그리고 그 이후에도 관리되어야 한다. 특히 시간은 교육이 진행되는 동안, 그리고 그 후에도 잘 관리해야 한다. 오늘날 환경에서 교사들은 학생들이 교사들을 잘 이용할 수 있게 만들어야 한다. 이런 것은 특히 이메일과 같은 방법을 통해 가능하다. 학점을 결정해야 하고, 논문이나 시험답안지를 읽어야 하며, 강의계획과 강의를 준비해야 하는 등의 일이 있다. 학생들이 강의 과정의 목표 달성에 책임의식을 갖도록 해야 한다. 모든 것이 함께 어우러졌을 때 교사와 학생 모두에게 엄청난 이득을 가져다줄 것이다.

또한 가르치는 것은 전에 생각해보지 못했던 방식으로 다르게 생각하고 아이디어를 제시하도록 한다. 예를 들어, 당신은 강의실에서 강의 중심의 접근방식을 가진 교사였을지도 모른다. 하지만 오늘날의 학생들은 시각 중심적이어서, 요점 정리 위주의 파워포인트 중심의 설명보다 사진과 그래픽을 가지고 더 시각적인 방식으로 자신의 생각을 표현하는 것을 배워야 할 것이다. 또한 '블랙보드(Blackboard)' 같은 회사의 강력하고 활용하기 쉬운 수업 관리 소프트웨어는, 교사들이 의미 있고 시간을 절약할 수 있는 방식의 기술로 통합 활용하게 해주고 있다.

컨설턴트, 작가, 교수 등의 광범위한 경험 덕분에, 드러커는 효과적인 강사가 될 수 있었다. 조직과 함께 일한 경험, 관리자와 리더로서 지냈던 경험이 그의 강의에 통합될 수 있었기 때문이다. 대부분의 지식 작업자들은 드러커 수준의 깊이 있는 경험을 갖지는 못했겠지만, 자신이 가르치는 분야에서 충분한 기여를 할 수는 있을 것이다. 예를 들어, 당신이 겸임교수라면 또 다른 세계를 경험할 수 있을 뿐 아니라, 외부 세계에 대한 당신의 경험을 학생과 동료들에게 전달할 수 있다. 강사와 유사한 타이틀을 가진 겸임교수는 전임이 아닌 대학 내 파트타임 교수진으로, 학생들을 지도하는 것 같은 전임교수가 갖는 공식적 책임을 가지지 않는다.

어떤 종류의 것이든지 강의는 도전적인 일이며 가볍게 시작해서는 안 된다. 시간이 문제일 수 있다. 당신은 일 년 단위로 가르칠 수 없을지도 모른다. 가르치는 행위를 통해 새로운 것을 배운다는 이점이 있지만, 상당한 시간이 소요되기 때문에 그 시간은 다른 일을 할 시간에서 할애되어야 할 것이다. 또한 가르치는 것에 수반하는 새로운 형태의 기술을 배워야 한다는 점에서 유익하지만, 학습 곡선(learning curve, 학습의 결과로 일어나는 행동의 변화 현상을 도식화한 것)을 만드는 것이 당신 스케줄의 일부가 되어야 한다. 결과적으로 당신은 새로운 사람들과 일하면서 이익을 얻긴 하지만, 한편으로는 학생들이나 다른 사람들로 인해 해결하기 어려운 문제를 떠안거나 난처한 상황에 놓이는 것과 같은 도전에 직면할 수도 있다.

현재 내가 가르치는 일을 하고 있다면 그것이 내 삶의 다른 분야에 어떤 이익을 가져다줄 것인가? 수반되는 결점과 도전은 무엇인가?

가르치는 것에 관심이 있다면 누가 올바른 방향으로 나를 인도해줄 수 있는가?

공식적이든 혹은 비공식적이든 가르치는 것을 나의 삶과 어떻게 통합할 수 있을 것인가?

드러커는 그의 학생들과 긴밀한 유대 관계를 맺은 사도의 본보기였고, 학생들 중 상당수는 그 후로도 오랜 기간 동안 드러커와 관계를 유지했다. 그는 학생들, 특히 최고 경영자 MBA 프로그램에 참가했던 학생들로부터 많은 것을 배웠다. 그들은 특정 산업 분야에서 풍부한 경험을 가지고 있었기 때문이다. 교수로서 드러커는 학생들과 많은 시간을 보냈다. 그는 강의조교(teaching assistants)를 활용하지 않았다. 그는 성적을 결정하기 전에 학생들이 제출한 모든 논문을 3번 읽었고, A를 희망하는 학생들에게는 다시 쓸 수 있는 기회를 주었다. 드러커가 교수로서 얼마나 깊이 있는 모습을 보여주었는지에 대해서는 윌리엄 코헨(William A. Cohen)의 2008년 저서 《피터 드러커 미공개 강의 노트(A Class with Drucker : The Lost Lessons of the World's Greatest Management Teacher)》를 보면 잘 알 수 있다. 코헨은 1970년대 드러커 스쿨 최초의 박사과정 학생이었다.

오디세이 체험

The Odyssey Experience

찰스와 엘리자베스 핸디 Charles and Elizabeth Handy

2008년 드러커-이토 경영대학원(Drucker-Ito School)을 방문하는 동안, 나는 찰스와 엘리자베스 핸디가 1년 전에 했던 강의 자료를 보고 많은 감동을 받았다. 나는 찰스에게 이 책의 독자와 깊은 관련이 있어 보이는 그 강의 과정의 내용에 대해 자세히 물었고, 이것이 그의 대답이다.

이미지는 종종 말보다 더 강한 메시지를 전달한다. 적어도 내가 사람들과 무엇이 인생에 있어서 정말 중요한 것인지에 대해 진지하게 논의할 때는 더욱 그러했다. 나의 아내, 엘리자베스는 실력 있는 인물사진작가(portrait photographer)인데, 우리는 소위 정물 초상(still life portrait)이라 부르는 작업을 계속 실험적으로 해왔다. 우리는 자화상을 의뢰한 개인 또는 커플에게 자신의 사진 이외에, 그들이 누구인지와 무엇이 그들의 삶에서 가장 중요한지를 대변할 수 있는 다섯 개의 사물과 한 가지 꽃을 선택하게 했다. 엘리자베스는 준비된 물건들을 탁자

위에 놓고, 옛날 네덜란드 정물화의 현대 버전처럼 사진을 찍었다. 결과물은 항상 눈을 즐겁게 해주었고, 모든 삶은 작은 생각과 결심에 의해 아름다워질 수 있다는 것을 보여줬다.

안식년 동안 클레어몬트에 있는 드러커-이토 경영대학원에서 강의를 요청받고, 우리가 '오디세이 체험'이라 묘사한, 사람들이 우선 그들 인생 여정에서 우선순위를 성찰해볼 수 있도록 도와주기 위해서 위의 과정을 활용하기로 했다. 그 다음에 우리는 앞의 과정을 진행한 후, 현재 그들이 속한 조직에 대한 정물 초상 작업을 하도록 그들에게 요청했다. 그리고나서 세 번째 단계로 그들이 속해 있는 조직이 어떤 조직이기를 원하는가에 대해서도 정물 초상 작업을 하게 했다. 그들 스스로 수행한 이 초상 작업은 설명을 덧붙이고 대상의 숨겨진 의미가 드러나기 전까지는 거의 뭔가를 말해주지 못했다. 그러나 그 수업에 참가한 10명의 사람들이 그들이 선택한 대상 물체에 대해 다른 그룹의 사람들에게 더 많은 설명을 해줄수록 그들의 삶과 일이 펼쳐져 가는 것을 볼 수 있었고, 그들의 삶과 일이 완전히 풍성하게 공유될 때까지 이야기는 점점 더 깊이 들어갔다.

이 과정은 매주 두 번의 조찬 모임을 포함해 5주 동안 진행되었다. 결국 누구도 자신의 삶에 대한 한 가지의 올바른 묘사 방법이 있는게 아니기 때문에, 우리는 평가하는 것은 생략하고 대신 학교 입구에 전시회를 열어 그 과정이 끝났음을 축하했다. 이러한 수료식을 대체하는 갤러리 오픈식에는 누구나 참석할 수 있었는데, 그 자리에 가족들과 교수들 그리고 대학의 총장까지도 참석했다. 그것은 즐거운 일이었다. 피터 드러커도 참석할 수 있었다면, 긍정적으로 평가했으리라 생각한다. 왜냐하면 조직의 인간적 측면과 사람들이 일과 삶에서 추구하는 의미에 대해 강조했기 때문이나. 깅희클 맑은 우리에게는 그간 경험하지 못했던 가장 만족스러운 시간이었다. 6개월 후에도 그 갤러리는 여전히 치워지지 않고 있으며, 우리는 많은 학생들과 계속 연락을 주고 받고 있다. 현재 드러커-이토 경영대학원에서는 이 정물 초상 프로그램을 모든 최고 경영자 프로그램의 도입 부분의 과정으로 활용하고 있다.

찰스와 엘리자베스 핸디(Charles and Elizabeth Handy)

요즘 찰스는 자신을 사회 철학자로 소개한다. 그는 석유회사 간부, 경영대학 교수, 그리고 BBC 방송 일에 관여했으며, 경영 철학(management thinking) 분야의 세계적인 리더로 널리 알려져 있다. 엘리자베스는 프리랜서 인테리어 디자이너와 결혼 인도 상담가로 활동해왔으며, 현재는 인물 전문 사진작가로 두각을 나타내고 있다. 그녀는 40대 후반에 세 번째 커리어를 시작해, 아들이 케임브리지대학교에서 학위를 받던 날 사진 전공으로 학위를 받았다. 핸디 부부는 최근 여러 책을 공동으로 작업했는데, 그중 가장 주목받은 책이 《새로운 연금술사와 재창조된 삶들 : 60대의 여성(The New Alchemists and Reinvented Lives: Women at Sixty)》이다.

학습하는 법 배우기
Learning How to Learn

"

학습하는 법을 배우지 못한다면, 당신은 힘든
시간을 겪게 될 것이다. 학습하는 법을 아는
것은 부분적으로는 호기심이기도 하다. 그러
나 이는 또한 수련(discipline)이다.[71]

"

해리어트 루빈의 글 중에서, 〈Inc.〉, 1998년 3월 드러커는 자기학습 시스템(Self-Study System)을 개발했는데, 몇 년에 한 번씩 새로운 주제를 골라 스스로 강도 높은 학습을 하곤 했다. 드러커는 사망하기 바로 몇 년 전에 나이 때문에 3년 단위의 시스템은 실행 불가능하다고 생각하고, 3개월 단위의 프로젝트를 적극적으로 추진했다. 2002년 93세 생일을 맞기 몇 달 전, 그는 해럴드 블룸(Harold Bloom)의 문헌 가이드를 참고하여 셰익스피어의 희곡을 모두 다시 읽었다. 아마도, 살날이 많지 않음을 깨닫고, 가능한 최고 경지의 문학을 공부하고 싶었기 때문인 것 같다. 이것은 자기 주도 학습이었기 때문에, 그는 어떤 주제든 선택할 수 있었다. 같은 상황이 주어진다면 우리는 어떤 주제를 선택할 것인가? 얼마나 많은 사람들이 셰익스피어의 희곡을 혼자서 모두 다시 읽을 수 있을까?

드러커에게 있어 무엇이든 모든 것으로부터 시작될 수 있는 잠재적인 학습은 그의 존재를 규정하는 기본 구조 안에서 이루어진다. 이러한 학습들은 그가 대단한 성공을 이룰 수 있도록 기여했다. 그리고 그것은 강한 욕구와 동기를 가진 사람이라면 누구나 모범으로 삼을 수 있는 것이다. 시간이 많이 걸리지만, 이 시스템은 오늘날 지식 작업자에게 가능성을 제공한다. 당신이 정규수업이나 학위를 취할 시간이나 의향이 없더라도, 어떠한 주제를 선정할 수 있고 인쇄물이나 온라인에서보다 더 많은 뭔가를 발견할 수 있다. 또한 당신이 어떤 주제를 가지고 연구하는 동안 다른 것들에 대해서도 배우게 되어 있고, 그것들이 어떻게 서로 연결되어 있고 상호관계를 맺는지 알게 될 것이다. 만약 당신이 연구하고 있는 것을 좋아하지 않는다면, 그것을 그만두고 다른 무엇인가를 다시 찾아볼 수 있다. 드러커는 자기 스스로 몇 달간 공부를 할 때 지루함을 느낀 적이 있었다고 말했다. 그는 지루해졌을 때 프로그램을 그만두었고 다른 뭔가를 시작해서 발생 가능한 손실을 줄였다고 한다.

학습하는 법을 배우는 것은 자신이 어떻게 배우는지에 대해 인식하는 것과 관련이 있다. 드러커는 이것이 자기관리를 하는데 중요한 요소라고 믿었다. 그가 말하길, 어떤 사람은 원래부터 무언가 읽는 것을 선호하고, 또 어떤 사람은 원래 듣는 것을 선호한다고 했다. 많은 경우 우리는, 무언가 하면서 배운다. 직장의 동료에게 배우고, 일상의 경험이나 도제제도를 통해 배우거나 또는 어떤 문제나, 이슈, 기술 등을 해결해 나가면서 학습하게 된다. 많은 사람들이 전문가나 동료에게 이야기하고 싶어 하며, 특히 그것이 컴퓨터와 관련된 것일 때는 더욱 그러하다. 어떤 사람들은 책이나 매뉴얼, 또는 온라인 웹 설명을 읽으면서 똑같은 지식을 습득하는 것을 좋아한다.

강의실 수업과 온라인 학습을 겸한 방법으로 자기학습 시스템을 설계해야겠다는 생각을 해본 적이 있는가?

나는 읽고 듣고 고 가르치는 것 중 어느 방법을 통해 더 잘 배울 수 있는가?

아니면 이런 분야들을 조합한 형태로 더 잘 배우는가?

DRUCKER'S LIFE AND WORK 피터 드러커의 삶과 일

드러커는 교수였지만, 정규수업이나 다른 교수들을 통해서가 아니라, 가르치고 책을 쓰며 다른 사람들과 직접적으로 접촉하면서 가장 많이 학습했다.

또 그는 고객들과 예전 상사들에게서 많은 것을 배웠다. 드러커가 여러 해 동안 학습 관련 주제에 주의 기울여 왔다는 것을 생각하는 것은 시사하는 바가 크다.

그가 《아시아에 대한 전망(Drucker on Asia)》에서 7가지의 인격 형성 경험(formative experience)에 대해 논의할 때, 7가지 중에 강의실에서의 학습경험은 없었다. 그것들은 모두 전혀 다른 곳, 즉 도서관, 오페라, 예수회, 그리고 독일에서 저널리스트로 활동할 당시의 편집장으로부터 학습한 경험들이었다.

지식, 정보 그리고 자료를 가지고 일하기

Working with Knowledge, Information, and Data

> "
>
> 지식은 언제나 사람에게 체화되고, 사람이 갖
> 고 다니며, 사람에 의해 창조되고 확장되고, 개
> 선된다. 또한 사람에 의해 적용되고, 가르쳐지
> 며 전달된다. 사람에 의해 잘 사용되거나 오용
> 되기도 한다. 그러므로 이러한 지식사회로의
> 이동은 사람을 그 중심에 삼게 된다.[72]
>
> "

피터 드러커, 《자본주의 이후의 사회》, 1993년

가르치기와 배우기의 원자재는 지식이며 가르치기와 배우기의 주춧돌은 정보와 자료(data)이다. 피터 드러커는 1957년에 출간된 저서 《지식 작업자가 되는 길 (Landmarks of Tomorrow)》에서 지식 작업자에 관해 쓰기 시작했다. 드러커는 일찍이 경영 실무 제도에 초점을 맞추었던 거 못지 않게, 지식을 집중 조명하였고, 20세기 후반과 21세기 초반에 작업을 수행할 때 지식의 중요성을 역설했다. 그는 오늘날의 지식 작업자들은 그들이 가지고 있는 정보를 체계화하는 방법을 알아야 한다고 주의를 상기시켰다. 드러커는 "과거에 우리는 항상 정보가 부족했지만, 현재는 믿을 수 없을 만큼 방대한 자료를 가지고 있다. 앞으로 경영자는 이러한 자료를 어떻게 정보화하는지에 대해 학습해야 할 것이다. 이는 알고 있는 사람이 거의 없다"[73]라고 말했다. '자료'와 '정보'라는 용어는 종종 호환 가능한 것으로 잘못 사용되는데, 자료를 정보로 전환하는 것을 배우는 것은 두 용어 간의 차이점이나 각각의 용어가 지식과 연관된 바를 생각하는데 도움을 줄 것이다.

자료는 결국 무엇이 지식이 될 수 있는지 결정하는 핵심요소이지만, 먼저 정보로 전환되어질 때 이해 수준의 증가가 요구된다. 일단 정보화가 진행되어 사용되면, 정보는 지식이 된다. 자료가 정보로되고, 정보가 다시 지식이 되는 이런 일련의 과정을 이해하면 당신의 일을 이해하기 위한 프레임워크가 생긴다. 그것은 또한 신문의 주식 도표를 보는 데에도 도움이 될 것이다. 정보나 지식으로 연결시키지 않고 주식 도표의 숫자나 글자 그 자체를 본다면, 그것은 그냥 자료를 보는 것이다. 하지만 당신이 숫자의 열을 보고 그것이 GE(General Electric)의 주식 수치라는 것을 이해한다면, 이제 정보의 영역으로 넘어갔다는 것을 의미한다. 만약 그 수치들을 이해하고 당신이 알고 있는 주식, 주식시장, 회사 그리고 산업과의 관련성을 찾아냈다면, 이제 그것은 지식으로 변한 것이고 당신은 주식을 사거나 파는 문제를 결정하는 데 그 지식을 사용할 수 있게 된다.

1990년, 드러커는 〈이코노미스트〉에 다음과 같은 글을 썼다(이 글은 후에 그의 저서 《미래를 위한 경영(Managing for the Future)》에 삽입되었다). "그러나 자료는 정보가 아니다. 정보는 관련성과 목적에 따라 잘 다듬어진 자료다. 회사는 업무를 수행하는 데 있어 어떤 정보가 필요한지 결정해야 한다. 그렇지 않으면 정보과잉 상태에 빠지게 될 것이다."[74] 이 글은 월드 와이드 웹이 생기기 이전 렉시스넥시스(LexisNexis) 같은 대량 데이터베이스가 존재할 당시에 집필했다는 사실을 참고하기 바란다. 인터넷이 출현하기 전에 이미 자료에 파묻혀 있었다고 느꼈다면 지금과 비교했을 때, 오히려 그때가 좋았던 시절이라 생각할 것이다. 정보과잉 상태에 빠지는 것은 회사뿐만 아니라, 회사에서 혹은 혼자 일하고 있는 개인 모두에게도 위험한 일이다.

드러커의 자료와 정보에 관한 견해는 외부 세상의 중요성을 강조하는 그의 믿음과 일맥상통한다. 새로운 정보를 얻고 그것을 지식으로 전환하기 위해서는 온라인이나 간행물을 접하는 것처럼 다른 사람들과도 접촉을 해야 한다. 이러한 자료 원천들을 찾아 보면서, 우리를 에워싸고 있는 사방의 벽 너머에서 무엇이 일어나고 있고, 그것이 우리에게 어떤 의미가 있는지를 터득하게 된다.

드러커에게 지식은 업무에 적용하고 활용함으로써 존재한다. 우선 지식을 학습하고, 그 다음에 잘 활용하기 위해 기억하거나 접근해야 한다. 드러커는 뭔가를 배우는 데 있어 본인의 즐거움과 만족은 염두에 두지 않고, 그것이 다른 사람들에게 어떤 혜택을 줄 수 있을 정도로 실용적인지에 초점을 맞추었다. 가르치거나 배우거나 또는 일을 할 때, 그는 지식이 어떻게 가장 생산적인 방법으로 사용될 수 있는지에 초점을 맞추길 좋아했다. 그는 어떤 일의 핵심을 찾아내거나, 지식으로 전환될 수 있는 가능성이 높은 중요한 자료와 정보를 찾아내는 데 대가였다. 특히 온라인을 중심으로 너무나 많은 정보의 원천이 경쟁적으로 대두되고 있는 현실에서, 드러커가 보여준 능력들은 점점 더 중요해지고 있다.

드러커는 1994년 5월 4일, 하버드대학교의 존 F. 케네디 스쿨에서 열렸던 저명한 에드윈 L. 갓킨(Edwin L. Godkin)의 강연에서, 지식 작업과 지식사회에 관한 몇 가지 주요원칙들을 정리했다. 당시에는 비록 그가 알지 못했지만, 지식 세계에 커다란 변화가 일어나고 있었다. 월드 와이드 웹은 최근에 소개되었지만, 아직 널리 보급되어 사용되지는 않았다. 당시는 구글이 탄생하기 4년 전이었고, 몇몇 검색엔진과 야후 같은 디렉토리가 탄생하려고 할 즈음이었다.

그가 강의에서 제시한 지식의 핵심 원칙은 다음과 같다.

- 지속적인 학습이 필요하다.
- 지식을 습득하고 활용하는 것은 개인, 조직, 산업 그리고 국가 차원의 경쟁 요소로 그 중요성이 커지고 있다.
- 지식사회에서 리더십은 모든 개인에게 열려 있어야 한다.
- 지식의 가용성은 개인, 조직, 산업 그리고 국가에게 무한경쟁을 의미한다.
- 이론적인 지식만으로 충분하지 않다.
- 지식 관련 업무를 하는 데 있어 다른 사람들의 이해를 받는 것이 필요하며, 당신의 지식과 다른 사람의 전문화된 지식을 어떻게 통합할지 학습하는 능력이 요구된다.

· 지식 작업자들은 업무를 수행하기 위해 조직에 접근할 필요가 있다.
· 지식에 있어선 계층구조가 없다. 무엇이든 그 상황에 부합하는
  지식은 그 상황에서 올바른 지식이다.

지식과 정보에 관련해 드러커가 언급한 것 대부분은 오늘날에도 적용되며, 우리는 그것을 이후 발생한 모든 기술적 발전을 통해 확인할 수 있다. 그는 농사, 노동 계층, 산업 작업자, 육체 작업자의 시대에서 지식 작업자의 시대로, 부모 세대의 직업을 이어받아야 하는 것이 아닌 자유롭게 직업을 선택할 수 있는 시대로 이동하고 있는 것에 관해 이야기했다. 그는 지식 작업자들은 사회를 이끌어가는 지도계층이 되거나, 아니면 지배계층이 될 것이라고 주장했다.

지식 작업자를 만드는 것은 무엇인가? 우선 정규교육을 몇 년 동안 받아야 하는데, 이를 위해서는 종종 많은 시간이 걸린다. 그것은 도제교육으로는 배울 수 없는 일로, 도제교육은 지난 세기에는 보편적인 것이었다. 지식 작업자들이 자신의 지력만으로 성공할 수 있다고 생각한다면, 그건 잘못된 생각이다. 예를 들면, 신경외과 의사는 자신의 손을 활용해 일을 하는 기술이 중요하다. 하지만 손을 활용하는 것에 능통한 것만으로는 신경외과 의사로서의 자질을 갖추는데 충분하지 않다. 필요한 손재주와 함께 정규 교육, 지식 그리고 경험이 요구되는 것이다.

1994년 이후 인터넷으로 인한 엄청난 변화에도 불구하고, 드러커의 사상과 원칙은 여전히 잘 받아들여지고 있다. 현재 기술 변화의 속도는 놀라울 정도인데, 이러한 변화는 특히 지식사회가 만들어지기를 기대하는 관리자나 자신들이 운영해야 할 지식 기반 조직에 곤란을 야기시킨다. 드러커가 지적한 대로, 지식사회

의 출현은 지식 작업자 개인에게 위협인 동시에 기회가 될 수 있다. 이것이 기회의 활용을 강조한 드러커의 주장을 더욱 되새겨야 하는 이유이기도 하다.

업무를 잘 수행하기 위해서 어떤 정보가 필요하며, 어디서 정보를 얻을 수 있는가?

나는 특정 자료나 구글과 같은 검색 엔진에 지나치게 의존하고 있지는 않는가?

만약 그렇다면, 정보를 얻는 방법을 확대할 만한 전략을 가지고 있는가?

나는 우리의 전문화된 지식을 통합하기 위해 다른 사람들과 어떻게 함께 일하고 있는가?

DRUCKER'S LIFE AND WORK 피터 드러커의 삶과 일

지식은 드러커가 이룬 모든 업적의 기초였다. 그는 어떤 주어진 상황에서도 연관성을 찾고 그것을 독자나 학생들에게 전달하는 데 뛰어난 사람이었다. 비록 그는 기술과 자료, 정보 그리고 지식에의 중요성에 대해 글을 썼지만, 정작 컴퓨터를 사용하지는 않았다. 그는 타자기를 사용하면서 여러 가지 다른 방법을 통해 정보를 발견했다. 이를테면 아내 도리스의 뛰어난 스킬들을 통해서, 많은 책이나 신문 그리고 잡지 등을 지속적으로 읽거나, 도서관을 활용하는 등의 방식이다. 그는 또 다른 측면에서 매우 중요한 이득을 취할 수 있는 위치에 있었다. 즉, 많은 친구들과 동료 그리고 그 밖의 다른 사람들이 그들이 출판했거나 진행하고 있는 것들을 그에게 보냈고, 드러커는 이를 통해 초기 정보를 획득할 수 있는 특권을 가지고 있었던 것이다.

5장 질문 요약

지속적인 학습 - 의식적으로 지속적인 학습을 당신의 삶 속에서 계속 구축하는 정도를 생각하고, 회의나 전시회 그리고 비슷한 종류의 행사에서 많은 학습 기회를 갖기 위한 전략이 있는지 생각해보라.

가르치는 사람으로서의 지식 작업자 - 이미 당신이 가르치고 있다면, 그것의 약점이나 과제에 대해 생각해보는 것뿐만 아니라 그것으로부터 받을 혜택에 대해서도 생각해보라. 만약 가르치는 데 관심이 있다면, 누가 그 일을 시작할 수 있도록 도울 수 있는지 생각해보고 그들과 어떻게 접촉할 수 있는지 생각해보라.

학습하는 법 배우기 - 드러커가 자신을 위해 개발한 것과 비슷한 자기학습 시스템의 가능성을 고려해보고, 출판물이나 온라인상의 학습 자료에 얼마나 의존하고 있는지 생각해보라. 또한 당신의 학습 스타일에 대해 생각해보고, 읽기, 쓰기, 듣기, 다른 사람을 가르치는 것, 또는 이 방법들 중 일부 혹은 모두를 혼합하는 것 중에 어떤 것이 가장 좋은 학습 방법인지 생각해보라.

지식, 정보 그리고 자료를 가지고 일하기 - 업무를 수행하기 위해 필요한 정보에 대해 생각해보고, 그것이 어디서부터 왔고 어떻게 발견했는지도 생각해야 한다. 또한 당신의 전문화된 지식을 동료의 지식과 어떻게 통합할지도 생각해보라.

내용 요약 & 다음 단계

이 장에서 우리는 가르치기와 학습하기라는 두 가지 주제를 살펴보았다. 드러커의 삶을 통틀어 이 두 가지 주제가 얼마나 그에게 중요했는지 살펴보았고, 당신의 삶을 얼마나 풍요롭게 할 수 있는지에 대해서도 알아보았다. 이 장에서는 다음의 내용을 포함했다.

- 매일 일하는 조직의 내부와 외부에서 지속적으로 평생 학습할 수 있는 기회.
- 공식적, 비공식적으로 가르칠 수 있는 기회를 검토해보는 방법을 포함해, 가르치는 행위를 통해 얻을 수 있는 혜택들.
- 자신을 위해 드러커의 3년 자기학습 시스템을 적용해볼 수 있는 방법.
- 체계화된 정보를 가지고 일하면서, 그 정보를 유용한 지식으로 전환하기 위한 드러커의 주요 원칙들.

이 책의 결론에서, 우리는 그동안 걸어온 학습 여정에 대해 간단히 다시 살펴볼 것이고, 이렇게 배운 것들을 미래에 어떻게 사용할 수 있을지에 대해 살펴볼 것이다.

총체적인 삶의 목록을 만들기 위한 힌트

가르치기와 학습하기를 당신의 삶에 어떻게 구체화시킬 것인지를 생각할 때, 당신의 총체적인 삶의 목록에 이러한 다른 카테고리의 활동들을 넣어 생각해보면 도움이 된다. 몇 가지 가능성은 다음의 내용을 포함한다.

   1~2. 직계 및 확대 가족(가족 구성원은 같이 수업을 들을 수 있다. 특히 지속적인 교육과 종교기관에서 실시하는 과정을 학습할 때는 더욱 그러하다. 게다가 찰스와 엘리자베스 핸디의 예처럼 가족 구성원들은 함께 가르칠 수도 있다).
   3. 동료와 가까워지는 것(가르치기 시작하면서 만나고 교류하게 될 사람들).
   4. 친구들(가르치고 학습하는 과정을 통해 만나게 될 사람들).
   5. 당신의 다양한 전문적 네트워크 안에 있는 사람들(가르치거나 학습하면서 이 사람들도 추가된다).
   6. 현재 근무하는 다양한 장소(가르치기와 학습하기를 통해 추가된다).
   7. 전문적인 제휴 단체나 협회(가르치기와 학습하기를 통해 추가된다).
   8. 진행 중인 학습 활동.
   9. 가르치기.
   10. 자원봉사 활동(가르치기를 통해 추가된다).
   11. 비영리 조직 또는 사회적 기업과 함께 일하는 것(가르치기를

통해 추가된다).

12. 멘토링(가르치기를 통해 추가된다).

13. 모든 종류의 외부적 관심사. 스포츠 리그, 아마추어 동호회, 종교·영적 활동이나 연구, 책 모임 또는 집필이나 예술, 음악 연주 등 창조적인 영역까지 포함된다(가르치기와 학습하기를 통해 추가된다).

14. 운동과 다른 심신활동(가르치기와 학습하기를 통해 추가된다).

연습 : 초청강연(Exercise : The guest lecture)

파워포인트나 다른 프로그램을 이용해 당신의 업무를 바탕으로 한 주제를 상상하며 '초청강연'을 준비해보라. 15분에서 30분 정도 강연한다고 가정했을 때, 당신의 일이 어떻게 진행되었는지에 대해 클래스 사람들에게 무엇을 말해 줄 것이며, 그것을 잘 하기 위해 어떤 정보가 필요했는지에 대해 어떤 말을 해 줄 것인가? 이러한 작업을 직업이나 직장에 관한 온라인과 출판물 참고자료들을 포함하도록 확장시킬 수 있다. 당신이 하고 있는 일의 중요성을 학생들에게 확실히 이해시키기 위해, 어떤 질문들을 스스로에게 던져야 하는가? 그들이 던질 질문을 예상하면서 준비할 것을 생각해보라. 어떻게 강의 자료를 체계화할 것인가? 파워포인트를 사용한다면 그것에 기초한 배포자료를 준비할 수 있다.

이러한 연습은 가르치기의 기초에 접근할 수 있게 해주며, 새로운 관점에서 당신의 일을 바라보는 데에도 도움을 줄 것이다.

맺음말

당신만의 여행 시작하기

Launching Your Journey

우리는 《피터 드러커를 공부하는 사람들을 위하여(Living in More Than One World)》를 읽는 여정의 마지막에 이르렀지만, 지금부터가 당신 삶의 새로운 시작을 고려할 때다. 각 장에서 제시한 총체적 삶의 목록은 당신이 처한 상황이 전개되면서 변화할, 살아 숨 쉬는 문건으로 의미를 갖게 될 것이다. 총체적 삶의 목록을 가능한 자주 발전시켜 나가다 보면, 당신의 삶이 현재 개인적으로 직업적으로 어디에 위치하고 있는지, 어디로 가고 싶은지에 대한 생생한 감을 가질 수 있게 될 것이다.

당신은 다차원적 삶의 의미와, 그런 삶의 구성요소들이 무엇을 수반하는지를 생각해보았을 것이다. 당신은 그러한 삶의 혜택뿐만 아니라, 직면할 도전과 함정들도 고려해봤을 것이다. 가능한 한 자주, 당신의 삶에 더하고(또는 빼고) 싶은 영역들을 결정하는 데 도움이 될 구체적인 제안들을 제시했다.

다음의 내용 요약은 다차원적 삶이 무엇으로 구성되어 있는지 개략적으로 보여주고 있다. 다음은 우리가 여태까지 살펴 보았던 주요 영역들이다.

- 외부 관심사들을 진지하게 개발하는 것을 포함해, 여러 측면을 가진 삶을 창출하는 것(1장)
- 당신이 다차원적인 삶을 살면서 얻을 수 있는 것을 극대화하기 위해, 핵심역량이 어떤 도움을 줄 수 있을 것인가(2장)
- 병행 직업(3장)
- 제2의 커리어(3장)
- 개인적인 재창조(3장)
- 자원봉사, 사회적 기업가정신, 서번트 리더십 관련 영역(4장)
- 가르치기(5장)
- 지속적인 평생학습(5장)

각 장의 마지막에 작성된 총체적 삶의 목록은 다루어진 주제들을 다시 생각하게 하고, 확장시킨다. 책을 읽는 과정에서 시간적 여유가 없었다면, 지금 그 부분으로 돌아가서 사람들의 이름과 현재, 미래의 활동을 채워 넣기 바란다. 책을 다 읽고 나서, 초기에 작성한 목록을 약간 변경하고 싶어질 수도 있다. 주기적으로 목록을 재검토하면서, 그 목록이 현재 당신의 모습을 제대로 반영하고 있는지 점검하는 것도 좋은 생각이다.

예를 들어 3강에서 논의한 개인적인 재창조의 과정을 거치고 있다면, 목록에 있는 14가지 카테고리의 영향을 많이 받을 것이다. 당신이 드러커가 말한 체계적/

계획적 포기(2장에서 다룬 것)를 정기적으로 실행한다면, 이 목록은 여러 분야에 영향을 미칠 것이다.

당신이 자기 자신과 현재 하고 있는 일, 다른 사람들과의 관계를 새로운 관점에서 바라보게 될 때, 이 책은 그 목적을 다하게 될 것이다. 당신은 드러커의 중요한 무언가를 당신 자신에게서 발견하게 될지도 모른다. 그것이 무엇이든 간에, 그것을 자신의 이득을 위해서, 특히 다른 사람들의 이득을 위해서 어떻게 사용할 것인가 생각하기 바란다.

많은 사람들이 이 책에 열거한 원칙들에 입각하여 행동한다면, 우리는 보다 나은 세상에서 살 수 있을 것이다. 사람들이 각자의 재능을 최대한 발휘하고, 될 수 있는 한 많이 배우고 지식을 공유하며, 많은 상황에서 관대함을 확장해 나간다면, 우리는 그들의 친구나 가족 구성원, 동료로서 혜택을 누리게 될 것이다. 현재는 지식 작업자들에게 도전, 심지어 고통의 시대다. 우리 모두는 보다 나은 미래를 만들기 위한 확고한 전략들로 뒷받침된 희망을 가질 필요가 있다.

피터 드러커가 했던 많은 말이나 아이디어들을 읽고 나서, 당신은 드러커의 저서들을 보다 많이 읽고 싶은 욕구가 생겼을 것이다. 이 책의 마지막 부분에서는 《피터 드러커를 공부하는 사람들을 위하여》의 주제에 부합하는, 드러커의 중요한 저서 목록을 간략하게 열거해 놓았다. 이 책들의 저자로서, 피터 드러커는 놀라운 사람이다. 당신이 할 마음만 있다면, 그의 출판물을 읽으며 몇 년간 무척 바쁘게 보낼 것이다. 그의 글들을 읽으면서, 그것이 《피터 드러커를 공부하는 사람들을 위하여》에 제시된 원칙들과 어떻게 연관되는지, 당신이 총체적 삶의 목록을 작성하는 데 있어 드러커는 어떤 아이디어와 영감을 주는지 고려해보라. 인내심을 가지고 끈기 있게 노력해보라. 여러분의 계속되는 여정에 행운이 있기를 바란다!

부록

피터 드러커를 이해하기 위한 참고 문헌

Suggested Readings

브루스 로젠스타인이 추천하는 피터 드러커의 저서

Bruce Rosenstein's Suggested Readings

1939년 이후, 피터 드러커는 40권 이상의 책을 저술했다. 그 중에서 읽어볼 책을 선정하는 일은 결코 쉽지 않은 일이다. 한 가지 지름길은 드러커의 동료인 조셉 마시아리엘로 교수와 함께 쓴 《피터 드러커 경영 바이블》과 《매니지먼트 개정판》에 소개된 드러커의 저서 목록을 찾아 읽어 보는 것이다. 마시아리엘로 교수의 드러커 문헌 인용 목록은 각 책에 대한 짧은 설명을 제공하고 있어 유용한 안내가 될 것이다. 그러나 나는 이 책에서 좀 다른 방식으로 접근해 추천 도서를 선정했다. 드러커의 방대한 저작들을 주제별로 구분해서 독자들이 관심을 갖고 있는 영역의 저서들을 즉각 알아볼 수 있도록 정리한 것이다. 이 주제별 분류 리스트는 당신이 드러커의 책을 읽기 시작할 때 도움을 줄 것이다.

* 자세한 피터 드러커 저작물 목록과 국내 번역서 목록은 225p 참조

1. 드러커의 업적과 사상에 가장 쉽고 빠르게 도달할 수 있도록 해주는 책

《피터 드러커 경영 바이블 (The Daily Drucker)》(2004)

피터 드러커의 독자들이 매우 많이 읽는 책이다. 비록 책 내용의 많은 부분들이 이미 발간된 책에 수록된 것이긴 하지만, 이 책은 드러커와 마시아리엘로가 추가한 자료들을 포함하고 있다. 과거 문헌들에서 발췌한 이 책은 매일 한 가지씩 주제를 잡아 편집해, 다소 종교적인 분위기를 자아내고 있다.

이 책은 훌륭한 선물이 될 것임에 틀림없다. 책의 말미에는 '주제별 독서'란 제목의 섹션이 있는데, 처음에는 '지식 작업자'나 '자기관리'처럼 개인적인 주제에 집중할 수 있는 책을 원할 수도 있다.

《피터 드러커의 21세기 비전 (The Essential Drucker)》(2001)

드러커의 여러 책에 나온 내용을 모아 엮은 것으로, 조직, 개인, 사회의 경영에 초점을 맞추고 있다. 《피터 드러커 경영 바이블》만큼 독자들에게 편리하게 되어있지는 않지만, 드러커에 진지하게 매료된 사람이나 드러커의 저서를 처음으로 읽기 시작한 사람 모두가 소장할 만한 가치가 있다.

2. 경영에 관한 중요하고도 종합적인 드러커의 저서널

《매니지먼트 개정판

(Management : Revised Edition)》(2008)

이 책은 1973년에 출간된 《피터 드러커의 매니지먼트(Management : Tasks, Responsibilities, Practices)》의 개정증보판이다. 당신이 진지한 독자라면, 두 권 모두를 원할 것이다. 왜냐하면 2008년 개정판에는 많은 부분이 빠져있기 때문이다(200페이지 가량). 보다 의미 있고 성공적인 삶을 영위하는 방안들에 관한 드러커의 사상을 지적 자극을 위한 개요로 살펴보려면 피터 드러커의 《매니지먼트 개정판》(2008)의 45장 '자기관리 (Managing Oneself)' 편을 읽어보기 바란다. 이 장은 1999년에 발간된 《21세기 지식경영 (Management Challenges for the 21st Century)》에 실렸던 부분이기도 하다.

《경영의 실제

(The Practice of Management)》(1954)

《피터 드러커가 제시한 세상(The World According to Peter Drucker)》(국내 미출간, New York : Free Press, 1998)의 저자 잭 비어티(Jack Beatty)는 이 책을 '현대 경영의 발견'이라고 일컬을 정도로 이정표적인 책으로 평가했다. 《경영의 실제》의 여러 부분들은 이미 오래 지난 내용들이긴 하지만, 많은 독자들은 이 책을 여전히 고전으로 생각하고 있다.

《피터 드러커의 자기경영노트

(The Effective Executive)》(1967)

드러커의 책 중 가장 많이 팔린 책 중 하나이며, 시간이 지나도 꾸준히 읽히고 있는 책이다.

이 책은 드러커가 경영의 범주를 넘어서 개인으로 관심을 넓혀 쓴 최초의 책이다. 자기개발에 관한

강력한 메시지를 보기 위해서는, 이 책의 결론
부분 '결론 : 유효성은 학습되어야 한다
(Conclusion : Effectiveness Must Be Learned)'
를 읽어보기 바란다. 이 장은 10페이지도 채
안 된다. 2006년에 다시 발간된 페이퍼백 형태의
책에는 드러커가 2004년 〈하버드 비즈니스
리뷰〉에 기고한 장문의 글 '효과적인 경영자가
되는 법(What Makes Effective Executive?)'을
포함하고 있기 때문에 소장할 가치가 있다.

《자기경영노트 실행편
(The Effective Executive in Action)》
(2006)(국내 미출간)
드러커가 사망한 직후에 발간된 이 책은 워크북
형태로 만들어졌다. 여전히 현재에도 유효한
내용이 담긴, 40년 전 원본에 수록된 내용들을
엮은 것이다. 책의 내용에 질문과 실행방안들을
정리해서, 독자가 자신의 응답과 생각한 바를
적어 내려가도록 구성했다.

《미래사회를 이끌어가는 기업가정신
(Innovation and Entrepreneurship)》(1985)
이 책의 주제들은 다양한 분야의 많은 책들이
다루고 있는 중요한 주제인데, 원래 드러커가
이 책을 쓸 당시에는 그렇지 않았다. 비록 몇몇
사례들은 아주 오래된 것들이지만, 아직도 읽을
만한 가치가 있으며 지속적으로 많이 읽히고
있다.

《비영리 단체의 경영
(Managing the Non-Profit Organization :
Practices and Principles)》(1990, 2005)
이 책은 병원, 교회, 학교 등 모든 형태의 비영리

조직들의 경영 문제를 다루고 있으며,
드러커가 프란시스 헤셀바인 (그의 걸스카우트
운영 리더십에 관하여), 더들리 하프너(당시
미국심장재단 부이사장 겸 최고 경영자) 같은
전문가들과 인터뷰한 내용을 수록하고 있다.
각 부문의 마지막 장에 짧게 제시한 '요약 : 실행
시사점(Summary : The Action Implications)'
이라는 부분도 흥미 있게 읽을 수 있다. 이는
비영리 조직의 세계를 초월하여 적용 가능한
자기개발과 자기혁신을 위한 간단한 지침이
될 것이다.

3. '사회'에 관한 드러커의 저서들

《새로운 현실
(The New Realities)》(1989)(국내 미출간)
& 《자본주의 이후의 사회
(Post-Capitalist Society)》(1993)
이 두 권의 책은 비즈니스, 정부, 교육 등을
포함한 사회적 이슈들에 관한 드러커의 초기
연구들을 엮은 책으로, 오늘날에도 여전히
신선하게 여겨지며 생각을 유발하는 내용을
담고 있다. 《자본주의 이후의 사회》의
마지막에 나오는 장 '지식 : 지식의 경제학과
생산성(Knowledge : Its Economics and
Its Productivity)', '책임 있는 학교(The
Accountable School)', '교육 받은 사람(The
Educated Person)' 등은 이 책의 5장 내용을
집필하는 데 중요한 밑바탕이 되어주었다.

《생태학적 비전 : 미국적 상황에 대한 성찰
(The Ecological Vision : Reflections on the

American Condition》(1993)(국내 미출간)
방대한 내용을 446페이지에 담았다. 사회
전반에 관한 내용을 많이 담긴 했지만,
이 에세이에는 비즈니스와 기술에 관한 내용도
여러 장에 걸쳐 포함되어 있다. 특히 관심을
끄는 것은 이 책의 말미에 수록된 두 개의 에세이
'유행에 뒤진 키에르케고르(The Unfashionable
Kierkegaard)'와 '사회 생태학자에 대한 고찰
(Reflections of a Social Ecologist)'이다.

4. 드러커에 관한 드러커의 저서

《피터 드러커 자서전
(Adventures of a Bystander)》(초판 1978년,
1998년 판은 드러커의 새로운 서문을 포함하고
있음)
이 책은 드러커가 그의 기억들을 글로 남긴 가장
친근한 책이다. 이 책에서 드러커는 자신의 삶을
다른 사람들, 그리고 그들과의 관계에 관한
이야기들을 통해 조명하고 있다. 매우 개인적인
스타일이 마음을 끈다. 특히 관심이 가는
부분은 마샬 맥루한과 R. 버크민스터 풀러가
유명한 문화 아이콘이 되기 전, 드러커가 그들과
나눈 우정에 관한 부분이다. 1990년에 펴낸
《비영리 단체의 경영(Managing the Non-Profit
Organization : Practices Principles)》도
드러커의 삶에 관한 매우 흥미 있는 부분들을
담고 있다.

5. 드러커의 지서들에 관한 마지막 생각들

독자들을 위해 추천한 도서 목록에는 《피터
드러커의 21세기 비전》과 《생태학적 비전》
말고도 읽을 만한 대다수의 드러커 선집을
비롯해 많은 저서들이 있지만 이 책에는 싣지
못한 것이 많다. 사실 드러커의 모든 책들은
읽을 만한 가치가 있다. 몇몇 책들은 지금
절판되었으나, 우리가 현재 살고 있는 정보의
바다에서는 웹(Web)에서 많은 부분을 쉽게
찾을 수 있고, 중고 서점에서도 찾을 수 있다.
많은 도서관들은 출간된 드러커의 책들을
거의 다 소장하고 있다. 이처럼 그의 많은
저서들을 도처에서 읽을 수 있다는 것은, 그의
메시지가 시간의 흐름에 상관없이 중요하다는
것을 나타내는 징표이기도 하다.

피터 드러커 연표와 주요 저서

Drucker's Career Timeline and Bibliography

피터 드러커는 오스트리아 비엔나 교외에서 1909년 11월 19일에 태어났다. 그의 유치원 선생님은 그에게 '경영의 개념'을 가르쳤고, 초등학교 4학년 종교 지도교사는 그에게 "너는 무엇으로 기억되길 원하니?"라는 질문을 던졌다. 드러커의 아버지는 집으로 지식인들, 고위 공직자들, 과학자들을 불러 모아 어떤 생각에 대해 토론을 하고 이벤트를 열곤 했다. 그 자리에 참석했던 사람들 중에 훗날 드러커에게 혁신과 기업가정신의 중요성을 깨닫게 하는 데 영향을 끼친 지그문트 프로이트, 조지프 슘페터 같은 이들도 있었다.

1920년대

피터 드러커는 프랑크푸르트대학교로 옮기기 전,
함부르크대학교에서 해상법을 공부하기 위해
오스트리아에서 독일로 건너갔다. 법학을
공부한 후에 드러커는 프랑크푸르트 제일의
일간지인 〈프랑크푸르트 게네랄-안차이거
(Frankfurter General-Anzeiger)〉에서 경제와
외교 문제를 담당하는 수석 기자가 되었다.

1930년대

프랑크푸르트대학교에서 국제법으로
박사학위를 받은 피터 드러커는 두 편의 논문을
발표한 후에, 런던으로 이주했다. 논문 중
하나는 프리드리히 슈탈(Friedrich Julius
Stahl)에 관한 것이고 또 하나는 독일의 유대인
문제에 관한 것이었다. 이 논문은 나치 정부에
의해 금지 당했고 불태워졌다.

이후 피터 드러커는 경제학자인 존 메이너드
케인스(John Maynard Keynes)의 초빙으로
1934년 케임브리지대학교에서 강의를 하게
되었다. 그는 이곳에서 "나는 케인즈와 이 방에
있는 모든 명석한 경제학도들이 사람들의
행동에 흥미를 갖는 동안 상품들이 어떻게
움직이는지에 대해 흥미를 느끼고 있다는 것을
진리를 깨우치듯 불현듯 알게 되었다"라고
말했다.

도리스 슈미츠와 결혼한 후 미국으로 건너가
〈파이낸셜 타임즈(Financial Times)〉를 포함한
몇 개 영국 신문의 통신원으로 일했다. 그리고
뉴욕에 있는 사라로렌스대학교(Sarah Lawrence
College)에서 파트타임으로 경제학을 가르치기
시작했다.

* 1930년대에 출간한 피터 드러커의 주요 저서들
《경제인의 종말(The End of Economic Man :
The Origins of Totalitarianism)》, New York
& London : the John Day Company, 1939
《경제인의 종말》 | 이재규 옮김 |
한국경제신문 | 2008년 5월
피터 드러커의 정치, 사회, 경제, 역사,
철학, 경영 등에 걸친 모든 사상의
원전으로 평가 받는 책이다. 제1차 세계대
전 이후, 대공황 시기, 그리고 제2차
세계대전 직전에 전체주의가 등장한
이유와 폭정 그리고 그것의 미래 전망에
대한 것을 분석하고 있다.

1940년대

드러커는 처음으로 제너럴모터스(General
Motors)를 위한 수많은 컨설팅을 해주었고,
《기업의 개념(Concept of the Corporation)》
(1946) 같은 인생의 랜드마크가 될 만한 책들을
펴냈다. 그리고 이때 드러커는 많은 면에서
효과적인 최고 경영자의 모델이 되어준 전설적인
GM의 회장 알프레드 슬로안(Alfred Sloan)을
만났다. "최고 경영자는 반드시 관용적이어야
하며, 사람들이 어떻게 일하는지에 대해 주의를
기울이면 안된다. 최고 경영자가 일하는 사람을
좋아하거나 그렇지 않거나 상관없이 그를 그냥
내버려두어야 한다." 슬로안은 드러커에게
"단 하나의 판단 기준이 있다면 그가 수행하는
업무와 업무의 특성이다"라고 말했다. 드러커는
베닝톤대학교에서 정치학과 철학을 가르치는
교수가 되었고, 미국 시민권을 얻었다.
〈월스트리트저널(Wall Street Journal)〉에서

짧은 기간 동안 칼럼니스트로 일했고,
〈하퍼스매거진(Harper's Magazine)〉에
정기적으로 글을 기고하기도 했다.

* 1940년대에 출간한 피터 드러커의 주요 저서들
《산업인의 미래
(The Future of Industrial Man)》,
New York : the John Day Company,
1942(국내 미출간)

《기업의 개념
(Concept of the Corporation)》,
New York : the John Day Company, 1946
　《기업의 개념》| 정은지 옮김 |
　21세기북스 | 2012년 5월
　피터 드러커가 기업의 구조, 체질, 그리고
　내부 역학관계를 다룬 최초의 책이다.
　1946년 처음 출간된 뒤, 두 번의 개정을
　거쳤다. 제2차 세계대전이 끝난 후
　피터 드러커가 2년간 외부인의 시각에서
　제너럴모터스(GM)를 관찰하고 분석한
　내용을 바탕으로 기업의 모든 것을
　설명하고 있다.

1950년대
경영학과 교수로 뉴욕대학교의 교직원이 된
피터 드러커는 그곳에서 21년간 일했다. 그의
공식적인 컨설팅 업무가 이 시기에 시작되었고,
드러커의 생애에서 중요하다고 할 수 있는
시어스로벅(Sears Roebuck)과 아이비엠
(IBM)과의 작업도 이때부터 시작되었다.
1954년 《경영의 실제(The Practice of

Management)》를 펴냈는데, 그는 이 책을
'규율의 토대(the foundation of a discipline)'라고
묘사했다. 빌 게이츠가 네 살이었고
텍사스인스트루먼트 사가 집적회로에 대해
처음으로 특허권을 적용했던 1959년에 피터
드러커는 '지식 작업(knowledge work)'이라는
용어를 처음으로 사용했다.

* 1950년대에 출간한 피터 드러커의 주요 저서들
《피터 드러커 뉴 소사이어티
(The New Society)》,
New York : Harper & Row, 1950
　《피터 드러커 뉴 소사이어티》|
　박준희 옮김 | 현대경제연구원BOOKS |
　2007년 11월
　산업사회, 지식 작업자, 지식정보의 시대,
　기업가정신 등 누구도 생각하지 못한
　새로운 사회의 출현을 예견한 책. 지금까지
　알려진 드러커 사상의 출발점이 되는
　책으로, 드러커가 말한 혁명이 가져온
　'산업사회'를 말한다. 드러커는 이 책에서
　새로운 사회에서 작업자와 기업이
　살아가는 방식에 대해 다각도로 조망하고
　있다.

《경영의 실제
(The Practice of Management)》,
New York : Harper & Row, 1954
　《경영의 실제》| 이재규 옮김 |
　한국경제신문사 | 2006년 2월
　드러커가 경영학의 대부로 추앙받게 된 계
　기를 만들어준 책. 전 세계 독자들에게 경
　영의 개념과 원칙을 정립시켜줬으며

지금까지 경영학의 바이블로 칭송받고
있다. 이 책은 시어스(Sears) 백화점, 포드
(Ford) 자동차, IBM 등 드러커가 직접
경험하고 관찰한 기업의 사례를 담고 있어,
새로운 성장 기회를 모색하는 리더들이
기업의 경영혁신 전략을 세우는 데 도움을
얻을 수 있다.

《미국의 향후 20년
(America's Next Twenty Years)》,
New York : Harper & Brothers,
1957(국내 미출간)

《지식 작업자가 되는 길
(Landmarks of Tomorrow)》,
New York : Harper & Brothers,
1959(국내 미출간)

1960년대

드러커는 뉴욕대학교에서 최고의 영예인
'대통령표창(the Presidential Citation)'을
받았다. 1967년, 현재까지도 최고라 일컬어지는
《피터 드러커의 자기경영노트(The Effective
Executive)》를 출간했다(40년 후에 아랍권
독자들도 읽을 수 있는 책을 더 많이 늘리기
위한 칼리마(Kalima) 프로젝트는 이 책을
케인즈의 《고용, 이자, 화폐의 일반 이론(The
General Theory of Employment, Interest
and Money)》, 버질(Virgil)의 《아이네이드(the
Aeneid)》, 아인슈타인의 《상대성이란 무엇인가
(The Meaning of Relativity)》와 함께 제일
처음 번역해야 할 100권 중에 하나로 꼽았다).

* 1960년대에 출간한 피터 드러커의 주요 저서들
《피터 드러커, 창조하는 경영자
(Managing for Results)》,
New York : Harper & Row, 1964
　　《피터 드러커, 창조하는 경영자》|
　　이재규 옮김 | 청림출판 | 2008년 7월
　　경영자의 창조적 역할을 밝힌 책으로,
　　경영자가 수행해야 할 경제적 과제를
　　규명했다. 특히 드러커식 경영 이론을
　　실제 비즈니스에 접목할 수 있는 실질적인
　　방식을 제시하고 있기 때문에 많은
　　경영자에게 '최고의 경영 전략서'로
　　평가받았다.

《피터 드러커의 자기경영노트
(The Effective Executive)》,
New York : Harper & Row, 1966
　　《피터 드러커의 자기경영노트》|
　　이재규 옮김 | 한국경제신문사 |
　　2003년 4월
　　1960년대에 지식사회의 도래를 예견하면서
　　지식 작업자라는 용어를 최초로 소개한
　　피터 드러커가 제시하는 자기관리 전략의
　　내용을 담은 책이다. 드러커는 이 책에서
　　일 잘하는 사람들의 핵심 요소를 분석해
　　일을 잘하기 위한 다섯 가지 방법과 그에
　　따른 습관을 시간, 성과, 강점 활용, 업무
　　우선순위 결정, 의사결정의 분야로
　　나누어 정리하고 있다. 지식 작업자의
　　자기관리 지침을 얻기 위한 책이다.

《단절의 시대
(The Age of Discontinuity)》,

New York : Harper & Row, 1969
《단절의 시대》| 이재규 옮김 |
한국경제신문사 | 2003년 12월
피터 드러커의 초기 대표작 중 하나로,
사회에서 눈에 잘 보이지는 않지만 이전
시대와 단절이라고 할 만한 사회·문화적
변화를 다루고 있다. 피터 드러커 사상의
핵심이 되는 지식사회, 지식 작업자에 대한
개념이 시작된 책이다.

1970년대
기업의 경영자, 비영리 조직의 관리자들과
정부 지도자들을 위한 전술서가 되어 버린
피터 드러커의 대표작 《피터 드러커의
매니지먼트(Management : Tasks,
Responsibilities, Practices)》가 출간되었다.
책 속에서 드러커는 다음과 같은 유명한 말을
남겼다. "사업 목적에 대한 단 하나의 유효한
정의는 고객을 창조하는 것이다."
캘리포니아의 클레어몬트경영대학원의
사회과학과 경영 전공 정교수가 되었고,
포모나대학교에서는 동양미술을 강의하는
강사로 활동했다. 샌프란시스코에 있는
아시아예술박물관(the Asian Art Museum)의
이사로 임명되었고, 20년 임기로
〈월스트리트저널〉에 매달 칼럼을 기고하는
칼럼니스트 일을 시작했다.

* 1970년대에 출간한 피터 드러커의 주요 저서들
《기술, 경영, 사회
(Technology, Management and Society)》,
New York : Haper & Row, 1970(국내 미출간)

《인간, 사상, 정치학
(Men, Ideas and Politics)》,
New York · Harper & Row, 1971(국내 미출간)

《Management : Tasks, Responsibilities,
Practices》, New York : Haper & Row, 1973
《피터 드러커의 매니지먼트 - 경영자가
꼭 알아야 할 현대 경영학의 모든 것》
(전2권) | 이재규 감수 및 해설 |
조성숙, 이건, 박선영 옮김 | 21세기북스 |
2008년 11월
피터 드러커의 경영 사상을 집대성했다는
평가를 받는 《매니지먼트》 초판을
전2권으로 편집해 출간했다. 전략, 혁신,
마케팅, 조직, 기술 등 경영 전반의 주요
핵심 개념을 포괄적으로 설명하고 있으며,
30년 넘게 설파해온 경영의 원리와
효율적인 실행방안, 경영자의 과제와
실제를 총정리하고 있다. 두 권에 걸쳐
총3부로 구성되어 있는데 과업, 경영자,
최고 경영진이 그 주제이다.
* 《매니지먼트》의 축약본을 번역한
《피터 드러커 매니지먼트》(남상진 옮김 |
청림출판 | 2007년 8월)도 있다.

《보이지 않는 혁명
(The Unseen Revolution)》,
New York : Haper & Row, 1976(1996년
《The Pension Fund Revolution》이라는
제목으로 재출간됨)
* 《보이지 않는 혁명》(단국대학교
출판부)이라는 제목으로 1981년에
출간되었으나 절판됨.

《경영학 서설(An Introductory View of
Management, An Anthology, People
and Performance : the best of Peter Drucker
on Management)》, New York : Harper &
Row, 1977(국내 미출간)

《사람과 성과 : 피터 드러커의 경영
베스트(People and Performance : The Best of
Peter Drucker on Management)》, New York :
Harper's College Press, 1977(국내 미출간)

《피터 드러커 자서전
(Adventures of a Bystander)》, New York :
Harper & Row, 1978(개정판 New York :
John Wiley & Sons, Inc., 1998)
　　《피터 드러커 자서전》 | 이동현 옮김 |
　　한국경제신문사 | 2005년 10월
　　어려서부터 사람들을 관찰하는 것을
　　좋아했던 드러커는 자서전에 인생을
　　가르쳐준 할머니, 교육의 길을 제시해준
　　초등학교 선생님처럼 개인적으로 중요한
　　인물에서부터, 심리학의 대가 프로이트,
　　미디어의 예지자 마샬 맥루한, 잡지왕 헨리
　　루스, GM의 경영자 알프레드 슬로안처럼
　　유명한 인물에 이르기까지 다양한 분야의
　　사람들을 그만의 독특한 시각으로
　　관찰하고 분석한 내용을 담았다. 그리고
　　그런 사람들이 자신에게 얼마나 큰 영향을
　　미쳤는지에 대해서도 말한다.

《붓의 노래
(Song of the Brush : Japanese Painting from
the Sanso Collection)》, Seattle : Seattle Art
Museum, 1979
　　《붓의 노래 - 일본화로 본 일본》 |
　　이재규 옮김 | 21세기북스 | 2011년 8월
　　일본의 예술과 산업에서 동양 철학까지
　　일본화를 통해 드러커의 심미적 통찰을
　　보여준 책. 피터 드러커가 평생 동안 모은
　　일본화 작품들을 '산소 컬렉션'이라는
　　이름으로 미국 5대 도시에서 전시할 때
　　펴낸 해설서이다.

1980년대
클레어몬트경영대학원의 이름에 피터 드러커가
사용되었다. 컨설턴트와 교수로 활동하면서
피터 드러커는 8권의 새로운 책을 펴냈다.
드러커는 비영리 조직 활동과 자원봉사에
적극적으로 참여하면서 참여를 독려했다. 그는
비영리 조직 활동과 자원봉사에 대해 "현재
시민들을 위한 공동체에 우리가 필요로 하는
것을 창조할 수 있는 단 하나의 사회 분야,
특히 점점 더 발전하는 사회의 지배적인 세력이
되어가고 있는 지식 작업자들이 고등교육을
받은 사람으로서 특히 참여해야 할 분야"라고
강조했다.

* 1980년대에 출간한 피터 드러커의 주요 저서들
《격변기의 경영
(Managing in Turbulent Times)》,
New York : Harper & Row, 1980(국내 미출간)

《새로운 경제학을 위하여
(Toward the Next Economics and Other
Essays)》, New York : Harper & Row,

1981(국내 미출간)
《The Changing World of the Executive》,
New York : Truman Talley Books-Times
Books, 1982(국내 미출간)

《모든 가능한 세계의 최후
(The Last of All Possible Worlds)》,
New York : Harper & Row,
1982(소설, 국내 미출간)

《잘하고 싶은 유혹
(The Temptation to Do Good)》,
New York : Harper & Row,
1984(소설, 국내 미출간)

《Innovation and Entrepreneurship》,
New York : Harper & Row, 1985
　　《미래사회를 이끌어가는 기업가정신》|
　　이재규 옮김 | 한국경제신문사 |
　　2004년 10월
　　피터 드러커가 말하는 혁신과
　　기업가정신에 대한 논의의 출발점이 된
　　고전이다. 변화를 탐구하고 변화에
　　대응하며, 변화를 기회로 이용하는
　　기업만이 살아남을 수 있으며, 진정한
　　기업가정신만이 21세기의 생존 전략임을
　　역설하고 있다.

《The Frontiers of Management》,
New York : Truman Talley Books/E.P.
Dutton, 1986
　　《프런티어의 조건》| 이재규, 이덕로 옮김 |
　　청림출판 | 2011년 1월

최고 경영진들이 내리는 일상적인
의사결정과 관련된 상황적 맥락을
이해하고, 미래를 위해 가장 현명한 선택을
할 수 있도록 그 방법과 지혜를 전달하는
책. 변화를 기회로 만들 수 있도록 지식과
통찰력, 역량을 키우는 데 도움을 줄
뿐만 아니라 비전을 창조하여 이를
구체화하고 보다 잘 실현하기 위한
지혜들을 담고 있다.

《새로운 현실
(The New Realities : in Government and
Politics, in Economics and Business,
in Society and World View)》, New York :
Harper & Row, 1989

1990년대
1994년 하버드대학교에서 명망 높은 고드킨
(Godkin) 석좌강사로 강의를 했다.
드러커센터는 클레어몬트경영대학원의 피터 F.
드러커 경영대학원이 되었다. 1990년에 비영리
기관의 경영을 위한 피터 드러커 재단(현재의
프란시스 헤셀바인 리더십 인스티튜트)이
세워졌다. 1999년에는 드러커아카이브 시대의
막이 열렸고, 드러커는 10권의 책을 펴냈다.

* 1990년대에 출간한 피터 드러커의 주요 저서들
《Managing the Non-profit Organization
: Practices and Principles》, New York :
HarperBusiness, 1990
　　《비영리 단체의 경영》| 현영하 옮김 |
　　한국경제신문사 | 1995년 5월
　　피터 드러커가 교수로 일하면서 비영리

단체에서 봉사했던 경험을 바탕으로 조직
관리, 예산 등 경영 전반에 대한 문제점을
심도 있게 분석하고 개선방안을 제시했다.
전문가들과의 대담을 통해 경영의
효율성을 높이기 위한 여러 가지 방안을
제시하는 등 비영리 단체의 경영에 대한
유용한 지식을 담았다.

《미래를 위한 경영 : 1990년대와 그 이후
(Managing for the Future : The 1990s and
Beyond)》, New York : Truman Talley Books/
Plume, 1993(국내 미출간)

《The Ecological Vision : Reflections on the
American Condition》,
New Brunswick, N.J. : Transaction
Publishers, 1993(국내 미출간)

《Post-Capitalist Society》,
New York : HarperBuisiness, 1993
　　《자본주의 이후의 사회》 | 이재규 옮김 |
　　한국경제신문사 | 1993년 7월
　　드러커는 이 책에서 '21세기 조직과 인간은
　　어떻게 변할 것인가?'라는 질문을 던지고
　　있다. 그는 탈냉전 분위기가 고조되고
　　있는 시점에서 향후 세계는 자본주의적
　　시장구조와 기구는 그대로 존속되겠지만
　　주권국가의 통제력은 약화되고
　　전문지식을 갖춘 지식경영자 중심의 글로
　　벌화 사회가 될 것으로 예측하고 있다.

《미래의 결단
(Managing in a Time of Great Change)》,

New York : Truman Talley Books, 1995
　　《미래의 결단》 | 이재규 옮김 |
　　한국경제신문 | 1999년 11월
　　21세기를 위한 경영 지침서. 피터 드러커는
　　'스스로를 다시 생각해야만 회생할 수
　　있다'고 전제하고 기업의 5가지 치명적
　　실수, 가족기업을 경영하는 규칙, 새로운
　　국제시장의 개발 등 바람직한 미래를
　　실현하기 위한 방안을 제시하고 있다.

《The Pension Fund Revolution》,
New Brunswick, N.J. : Transaction
Publishers, 1996(《보이지 않는 혁명
(The Unseen Revolution)》(1976)의 개정판)

《Drucker on Asia : A Dialogue between
Peter Drucker and Isao Nakauchi》,
Oxford, Eng., and Newton, Mass :
Butterworth-Heinemann,
1997(국내 미출간)

《Peter Drucker on the Profession of
Management》, Boston MA : Harvard
Business School Press, 1998
　　《자본주의 이후 사회의 지식경영자》 |
　　이재규 옮김 | 한국경제신문 |
　　2000년 1월
　　피터 드러커의 논문을 모은 책으로 지식
　　작업자의 조직, 서비스 작업의 생산성
　　향상을 위한 도전 등 새롭게 변화할 경영
　　이론의 흐름과 경영자가 부딪치게 될
　　도전을 이야기한다. 분석력뿐만 아니라
　　직관적인 인식력의 중요성을 주장하며

경영자가 갖추어야할 경영 이론과 자세를 제시하고 있다.

《Management Challenges for the 21st Century》, New York : Harper Business, 1999

《21세기 지식경영》| 이재규 옮김 | 한국경제신문 | 2002년 10월
피터 드러커가 말하는 지식 작업자의 자기관리법을 정리해놓은 책으로, 〈비즈니스위크〉지가 1999년도 출판된 경영서 중 10대 명저로 선정하기도 했다. 지식이 사회의 근간이 되는 지식사회, 정보화사회에서 새로운 자본가로 급부상하는 지식 작업자들이 변화를 주도하는 사람으로서 무엇을 어떻게 해야 하는지에 대해 말하고 있다.

2000년대
2002년 봄, 93세의 피터 드러커는 마지막 강의를 했다. 드러커경영대학원은 드러커-이토 경영대학원이 되었다. 급성장하고 있는 중국의 기업가와 경영가들에게 드러커의 가치와 사상을 전파하기 위해 북경에도 그의 이름을 딴 비영리 교육 기관이 생겼다. 드러커는 2002년에는 국가가 시민에게 수여하는 가장 명예로운 상인 대통령 자유 훈장(the Presidential Medal of Freedom)을 받았다. 부시 대통령은 드러커를 '세계에서 가장 중요한 경영 이론의 선구자'라고 칭했다. 드러커는 인생을 거의 마무리할 무렵, 그가 했던 가장 중요한 공헌이 무엇인가를 질문받았을 때,

다음과 같이 대답했다.
- 내가 활동을 시작할 때쯤, 그러니까 거의 60년 전에 경영이 전체 사회를 구성하는 기관(organ)이며 조직 사회가 제대로 기능하게 만드는 것이라는 사실을 깨달은 것이다.
- 경영은 단순히 '사업 경영'을 의미하는 것이 아니라, 현대 사회의 모든 기관을 관리하고 운용하는 것을 의미한다.
- 나는 경영에 대한 공부를 그 자체로 하나의 학과목(discipline)으로 만들었다.
- 그리고 사람과 권력, 가치, 구조와 헌법(Constitution), 무엇보다 책임감에 대한 과목이 되는 데 초점을 맞추었다. 즉, 진정한 교양과목(liberal art)으로서의 경영에 대한 경영 원리에 초점을 맞춘 것이다.
2006년 드러커아카이브는 드러커가 평생 헌신했던 일, 즉 효과적인 경영과 사회 모든 부문에 걸쳐 윤리적 리더십을 발휘할 수 있도록 자극하는 일을 계속해서 잘 이행해야 한다는 임무를 부여받으며 드러커 인스티튜트로 이름을 바꾸었다.

* 2000년대에 출간한 피터 드러커의 주요 저서들
《The Essential Drucker : The Best of Sixty Years of Peter Drucker's Essential Writings on Management》, New York : HarperBusiness, 2001

《피터 드러커의 21세기 비전》
·피터 드러커의 21세기 비전 01
《프로페셔널의 조건 : 자기실현편》|
이재규 옮김 | 청림출판 | 2001년 1월
·피터 드러커의 21세기 비전 02
《변화 리더의 조건 : 미래경영편》|

이재규 옮김 | 청림출판 | 2001년 4월
'피터 드러커의 21세기 비전 03
《이노베이터의 조건 : 자기혁신편》|
이재규 옮김 | 청림출판 | 2001년 6월
이 책은 우에다 아쓰오가 피터 드러커의
저술 중 가장 핵심적인 내용만을 선별하여
57개의 장을 세 권으로 나누어 출간한
일본판 '에센셜 드러커' 시리즈를 번역한
것이다. '피터 드러커의 21세기 비전'이라는
제목으로 《프로페셔널의 조건》, 《변화
리더의 조건》, 《이노베이터의 조건》
3권으로 나누어 출간되었다. 피터
드러커의 모든 사상과 비전을 종합적으로
보여주는 이 책은 60여 년에 걸쳐 축적되고
발전되어 온 피터 드러커 사상의 핵심을
한눈에 훑어볼 수 있도록 구성되었다.
1권은 '개인'과 드러커의 중요한 주제인
'지식 작업자'에 초점이 맞추어진 책으로
'자기실현'의 비결에 대한 드러커의 해법이
담겨 있다. 2권의 주제는 '경영'과 '경영자'로
경영의 주요 영역에 대한 폭넓은 지식을
제공해 준다. 3권에서는 미래 사회에서
지식인이 맡아야 할 책임과 역할, 그리고
개인들의 자기 혁신 지침을 제시하고 있다.
'《피터 드러커 미래경영》|
이재규 옮김 | 청림출판 | 2002년 7월
'피터 드러커의 21세기 비전' 시리즈의 3장
〈이노베이터의 조건〉에 해당하는 내용을
캐스 캔필드 주니어가 서구문화권에 맞게
총 26개의 장으로 구성해 편집한 책을
번역한 것이다.

《Managing in the Next Society》,

New York : St. Martin's Press, Inc., 2002
《넥스트 소사이어티
(Next Society)》(개정판) | 이재규 옮김 |
한국경제신문사 | 2007년 10월
1960년대 이미 지식사회의 도래를
예견했던 피터 드러커는 이 책에서도 역시
'다음 사회(Next Society)'를 만드는
주요한 사회 변화를 예측하면서 기업의
경영자들이 해결해야 할 과제를 알려준다.
특히 그는 이 책에서 지식 작업자들을
지식과 기술로 무장한 지배적 계층으로
규정하고 있다.

《A Functioning Society - Selections from
Sixty-Five Years of Writing on Community,
Society, and Polity》, New Brunswick, N.J. &
London : Transaction Publishers, 2003
《경영의 지배》 | 이재규 옮김 |
청림출판 | 2003년 3월
피터 드러커의 여러 글들을 주제별로
모아놓은 책이다. 드러커는 이 글들을
통해 자신이 생각하는 기능적인 사회의
틀을 경영학적 마인드와 통찰로
녹여내고 있다. 드러커는 지식의 역사를
세 단계로 정리하고 기능적 지식사회에
대한 미래의 전망과 틀을 제시하면서
그것을 개인들이 조직 내에서
구체적으로 적용하고 구현하기 위한
전략적인 방법을 함께 제시하고 있다.

《The Daily Drucker : 366 Days of Insight
and Motivation for Getting the Right Things
Done》(with Joseph A Maciariello), New York

: HarperBusiness, 2004

《피터 드러커 경영 바이블 - 지식사회의
위대한 경영 원칙》|
피터 드러커 소사이어티 옮김 |
청림출판 | 2006년 11월
피터 드러커 경영 사상을 집대성한 책으로
366일 동안 경영의 핵심을 배우고 익힐 수
있도록 구성되었다. 경제, 정치, 사회 모든
분야를 총망라하여 드러커의 다양한 연구
성과와 경영 철학의 정수를 담은 귀중한
자료로 평가받는 책이다. 그가 남긴
40여 권의 저작에서 보여 준 위대한 경영
사상의 핵심적 요체를 체계적으로
제시했으며 그에 대한 설명과 독자들을
위한 실행지침, 논평이 함께 실려 있다.

《Classic Drucker》(published posthumously),
Boston : Harvard Business School Press,
2006(피터 드러커 사후 발간)

《클래식 드러커》| 이재규 옮김 |
한국경제신문 | 2007년 10월
피터 드러커가 〈하버드 비즈니스 리뷰
(Harvard Business Review)〉에 발표한
논문들 중에서 최고의 것들만 선별해
편집한 책이다. 오늘날 중간 관리자들과
최고 경영자들이 당면한 가장 첨예한
도전과 문제들을 해결하기 위해 필요한
통찰과 실천적인 지침들로 가득차 있다.

《The Effective Executive in Action :
A Journal for Getting the Right Things
Done》(with Joseph A. Maciariello), New
York : Collins, 2006(국내 미출간)

《Management : Revised Edition》
(with Joseph A. Maciariello), New York :
Collins, 2008

《The Drucker Lectures : Essential Lessons on
Management, Society and Economy》(edited
and with an Introduction by Rick Wartzman),
New York : McGraw-Hill,
2010(피터 드러커 사후 발간)

《피터 드러커 강의 : 세기를 뛰어넘은
위대한 통찰》| 이재규 옮김 |
랜덤하우스코리아 | 2011년 2월
피터 드러커가 대학교 강의실이나 전문가
집단에서 발표한 전 생애에 걸친 강의
가운데 가장 중요한 서른세 개의 강의
내용을 모은 책이다. 10년 주기로 각 장을
나누고 각 시대에 따른 드러커 사상을
이해할 수 있도록 해설을 실었다.

자료 출처_드러커 인스티튜트
www.druckerinstitute.com

다른 저자들의 저서

Books by Other Authors

* 본문에서 언급된 저서들은 다음과 같다.

마크 알비온(Mark Albion), 《삶을 창조하고 영위하라(Making a Life, Making a Living : Reclaiming Your Purpose and Passion in Business and in Life)》, New York : Warner Business Books, 2000

마크 알비온, 《돈 이상의 것 : MBA 프로그램이 대답해야 할 질문(More than Money : Questions Every MBA Needs to Answer)》, San Francisco : Berrett-Koehler, 2008

잭 비어티(Jack Beatty), 《피터 드러커가 제시한 세상(The World According to Peter Drucker)》, New York : Free Press, 1998

데이비드 본스타인(David Bornstein), 《달라지는 세계 : 사회적 기업가들과 새로운 사상의 힘(How to Change the World : Social Entrepreneurs and the Power of New Ideas)》 (개정판)(초판 2004년), New York : Oxford University Press, 2007

데이비드 본스타인, 《그라민은행 이야기 : 착한 자본주의를 실현하다(The Price of a Dream : The Story of the Grameen Bank and the Idea That Is Helping the Poor to Change Their Lives)》, New York : Simon & Schuster, 1996

포 브론슨(Po Bronson), 《내 인생 어떻게 살 것인가(What Should I Do With My Life?

The True Story of People Who Answered the Ultimate Question)》(개정판), New York : Random House, 2003

밥 버포드(Bob Buford), 《하프타임(Halftime : Changing Your Game Plan from Success to Significance)》, Grand Rapids, Mich. : Zondervan, 1994

밥 버포드, 《하프타임 : 승부는 후반전에 결정난다(Halftime : Moving from Success to Significance)》(개정판), Grand Rapids, Mich. : Zondervan, 2009

밥 버포드, 《하프타임 2(Stuck in Halftime : Reinvesting Your One and Only Life)》, Grand Rapids, Mich. : Zondervan, 2001

밥 버포드, 《하프타임의 고수들(Finishing Well : What People Who Really Live Do Differently!)》, Nashville, Tenn. : Integrity, 2004

윌리엄 A. 코헨(William A. Cohen), 《피터 드러커 미공개 강의 노트(A Class with Drucker : The Lost Lessons of the World's Greatest Management Teacher)》, New York : American Management Association, 2008

짐 콜린스(Jim Collins), 《좋은 기업을 넘어 위대한 기업으로(Good to Great : Why Some Companies Make the Leap…and other's Dont's)》, New York : HarperBusiness, 2001

맥스 드 프리(Max De Pree), 《성공한 리더는 자기 철학이 있다(Leadership Is an Art)》 (개정판)(초판 1989년), New York : Broadway Business, 2004

맥스 드 프리, 《리더십 재즈(Leadership Jazz)》 (개정판)(초판 1991년), New York : Broadway Business, 2008

도리스 드러커(Doris Drucker), 《라듐을 발견하라. 그렇지 않으면 혼내주겠다(Invent Radium or I'll Pull Your Hair)》, Chicago : University of Chicago Press, 2004

토머스 L. 프리드먼(Thomas L. Friedman), 《세계는 평평하다(The World is Flat : A Brief History of the Twenty-First Century)(2판 개정판, 2005년), New York : Picador/Farrar, Straus and Giroux, 2007

로버트 K. 그린리프(Robert K. Greenleaf), 《섬김의 리더 되기(On Becoming a Servant Leader)》, San Francisco : Jossey-Bass, 1996

로버트 K. 그린리프, 《서번트 리더십(Servant Leadership : A Journey into the Nature of Legitimate Power and Greatness)》(25주년 기념판), Mahwah, N.J. : Paulist Press, 2002

개리 하멜(Gary Hamel), C. K. 프라할라드 (C.K. Prahalad), 《시대를 앞서는 미래 경쟁 전략(Competing for the Future)》(개정판) (초판 1994년), Boston : Harvad Business

School Press, 2006

로자베스 모스 캔터(Rosabeth Moss Kanter), 《미국, 원칙을 지키는 나라(America the Principled : 6 Opportunities for Becoming a Can-do Nation Once Again)》, New York : Crown Publishers, 2007

존 레이놀즈(John Raynolds), 진 스톤(Gene Stone), 《후광 효과(The Halo Effect : How Volunteering to Help Others Can Lead to a Better Career and a More Fulfilling Life)》, New York : Golden Books Adult Publishing, 1998

피터 M. 셍게(Peter M. Senge), 《피터 셍게의 제5경영(The Fifth Discipline : The Art and Practice of the Learning Organization)》 (개정판)(초판 1990년), Currency Doubleday, New York : Broadway Business, 2006

빌 쇼어(Bill Shore), 《내면의 성당(The Cathedral Within)》, New York : Random House, 1999

로버트 A. 왓슨(Robert A. Watson), 벤 브라운 (Ben Brown), 《구세군의 리더십(The Most Effective Organization in the U.S. : Leadership Secrets of the Salvation Army)》, New York : Crown Business, 2001

존 우드(John Wood), 《히말라야 도서관 (Leaving Microsoft to Change the World : An Entrepreneur's Odyssey to Educate the World's Children)》, New York : Collins, 2006

온라인 자료 출처

Web Resources

알렉산더 테크닉 Alexander Technique
http://www.alexandertechnique.com
- 프레데릭 마티아스 알렉산더가 창안한
명상적인 춤 수련법

아소카 재단 Ashoka
http://www.ashoka.org
- 사회적 기업가의 대부 윌리엄 드레이튼이
설립한 사회적 기업가 지원 단체

크리스틴 & 리처드 칼슨 부부 Kristine and
Richard Carlson
"사소한 것에 목숨 걸지 마라
(Don't Sweat the Small Stuff)"
http://dontsweat.com

컬럼비아대학교 Columbia University,
컬럼비아경영대학원의 사회적 기업프로그램
The Social Enterprise Program(SEP) at Columbia
Business School
http://www4.gsb.columbia.edu/
socialenterprise

크레이그리스트 Craigslist
http://www.craigslist.org
- 미국의 지역 생활정보 사이트에서 출발해
2012년 현재 전 세계 80여 개국에 서비스되고
있는 온라인 벼룩시장

드러커 인스티튜트 The Drucker Institute
http://www.druckerinstitute.com

드러커아카이브 Drucker Archives
http://www.druckerinstitute.com/Drucker
Archives.aspx

듀크대학교 Duke University,
사회적 기업 발전 센터 Center for the Advance-
ment of Social Entrepreneurship(CASE),
듀크대학교의 푸쿠아경영대학원
Duke University's Fuqua School of Business
http://www.caseatduke.org/index.html

빌 앤드 멜린다 게이츠 재단 Bill and Melinda
Gates Foundation
http://www.gatesfoundation.org
- 빌 게이츠와 아내 멜린다 게이츠가 자선
사업을 위해 만든 재단

서번트 리더십을 위한 그린리프 센터 Greenleaf
Center for Servant Leadership
http:www.greenleaf.org
- 1977년 AT&T에서 경영관련 교육과 연구를
담당했던 로버트 그린리프의 책에서 처음 제시된
개념. 서번트 리더십은 타인을 위한 봉사에
초점을 두며, 종업원, 고객, 커뮤니티를 우선으로
여기고 그들의 욕구를 만족시키기 위해 헌신하는
리더십으로 정의할 수 있다.

국제 해비타트 Habitat for Humanity
http://www.habitat.org

프란시스 헤셀바인 리더십 인스티튜트 Frances
Hesselbein Leadership Institute
http://www.hesselbeininstitute.org

- 1990년 피터 드러커 재단에서 비영리 단체의
경영을 돕기 위해 설립한 단체(전 리더 투 리더
인스티튜트)

루부토 라이브러리 프로젝트 Lubuto Library
Project
http://www.lubuto.org

포인트 오브 라이트 인스티튜트 The Points of
Light Institute
http://www.pointsoflight.org

룸 투 리드 Room to Read
http://www.roomtoread.org
- 마이크로소프트 사의 임원이었던 존 우드가
1999년에 만든 사회적 기업. 네팔의 오지에
어린이 도서관을 세워주는 것으로 시작했다.

해리어트 루빈 Harriet Rubin,
"Peter's Principles", 〈Inc.〉, (1998년 3월자 기사)
http://www.inc.com/agazine/19980301/887.
html

스콜 재단 Skoll Foundation
http://www.skollfoundation.org
- 1999년 제프리 스콜이 만든 사회적 기업을
후원하는 재단

스콜 재단의 프로그램인 소셜엣지 Social Edge
http://www.socialedge.org
- 스콜 재단이 세계적인 필진들과 함께 전 세계
사회적 기업 관련 정보와 지식, 의견을 공유하는
전문 블로그 사이트

전문도서관협회 Special Libraries Association
http://www.sla.org

미국공동모금회 United Way
http://www.liveunited.org

볼런티어매치 VolunteerMatch
http://www.volunteermatch.org
- 자원봉사 희망자와 도움이 필요한 기관을
인터넷으로 연결시켜 주는 사이트

각주

Notes

· 국내에서 번역 출간된 도서의 경우 번역서의 한글 제목으로 표기하였음.
· 표기된 페이지 숫자는 원서의 페이지 숫자임.

1. 저자가 진행한 피터 드러커와의 인터뷰 중에서 인용, 2005년 4월 11일, 캘리포니아 클레어몬트.

2. 피터 드러커, 조셉 A. 마시아리엘로 (Joseph A. Maciariello), 《매니지먼트 개정판 (Management : Revised Edition)》, New York : Collins, 2008년, 188쪽.

3. 저자가 진행한 피터 드러커와의 인터뷰 중에서 인용, 2005년 4월 11일, 캘리포니아 클레어몬트.

4. 피터 드러커, 《단절의 시대(The Age of Discontinuity : Guidelines to Our Changing

Society)》(초판 1969년), New Brunswick, N.J. : Transaction Publishers, 1992년, 264쪽.

5. 피터 드러커(엘리자베스 홀(Elizabeth Hall)의 글에서 인용), "Career Moves for Ages 20 to 70 : Peter Drucker on Jobs, Life Paths, Maturity ... and Freud,", 《오늘날의 심리학(Psychology Today)》(초판 1968년 10월), 1992년 11~12월, 54~57쪽, 74~79쪽.

6. "The Icon Speaks : An Interview with Peter Drucker", 〈정보 관측(Information Outlook)〉, 2002년 2월, 6~11쪽.

7. 저자가 진행한 피터 드러커와의 인터뷰 중에서

인용, 2005년 4월 11일, 캘리포니아 클레어몬트.

8. 피터 드러커, 조셉 A. 마시아리엘로,
《매니지먼트 개정판》, 43쪽.

9. 피터 드러커, 《클래식 드러커(Classic Drucker
: Essential Wisdom of Peter Drucker from the
Pages of "Harvard Business Review")》,
Boston : Harvard Business School Press,
2006년, 18쪽.

10. 피터 드러커, 《21세기 지식경영
(Management Challenges for the 21st
Century)》, New York : HaperBusiness,
1999년, 164쪽.

11. 저자가 진행한 피터 드러커와의 인터뷰
중에서 인용, 2003년 1월 7일, 캘리포니아
클레어몬트.

12. 피터 드러커, 《사람과 성과 : 피터 드러커의
경영 베스트(People and Performance : The Best
of Peter Drucker on Management)》, New
York : Harper's College Press, 1977년, 238쪽.

13. 피터 드러커, 《비영리 단체의 경영
(Managing the Non-Profit Organization
: Practices and Principles)》, New York :
HaperBusiness, 1990년, 207쪽.

14. 피터 드러커, "How to Be an Employee,",
《사람과 성과》, 269쪽.

15. 앞의 책

16. 앞의 책 270쪽.

17. 피터 드러커, 《피터 드러커의 자기경영노트
(The Effective Executive)》, 1967년 개정판,
New York : Collins, 2006년, 101쪽.

18. 수잔 무크닉(Suzanne Muchnic),
"Landscapes of the Mind,",
〈포모나칼리지매거진(Pomona College
Magazine)〉, 1994년 가을호.

19. "According to Peter Drucker",
〈포브스 ASAP(Forbes ASAP)〉,
1993년 3월 29일, 90~95쪽.

20. 피터 드러커, 조셉 A. 마시아리엘로,
《매니지먼트 개정판》, 345쪽.

21. 개리 하멜(Gary Hamel), C.K. 프라할라드
(C.K. Prahalad), 《시대를 앞서는 미래 경쟁
전략(Competing for the Future)》, Boston :
Harvard Business School Press, 1994, 21쪽.

22. 클레어몬트대학원(Claremont Graduate
School), "Peter F. Drucker Describes the
Lessons of a Lifetime,", 보도자료,
1987년 10월 21일.

23. 피터 드러커, 《아시아에 대한 전망 :
피터 드러커와 이사오 나카우치와의 대화
(Drucker on Asia : A Dialogue Between

Peter Drucker and Isao Nakauchi》,
Oxford, Eng., and Newton, Mass. :
Butterworth-Heinemann, 1997년, 104쪽.

24. 저자가 진행한 피터 드러커와의 인터뷰
중에서 인용, 2005년 4월 11일, 캘리포니아
클레어몬트.

25. 피터 드러커, 조셉 A. 마시아리엘로,
《매니지먼트 개정판》, 155쪽.

26. 피터 드러커, 《사람과 성과》, 238쪽.

27. 피터 드러커, "Subject : You on Me",
〈뉴매니지먼트(NewManagement)〉 2권 3호,
1985년 겨울호, 28~29쪽.

28. 피터 드러커, 조셉 A. 마시아리엘로,
《매니지먼트 개정판》, 188쪽.

29. 저자가 진행한 피터 드러커와의 인터뷰
중에서 인용, 2005년 4월 11일, 캘리포니아
클레어몬트.

30. 위의 인터뷰.

31. "The Icon Speaks," 11쪽.

32. 피터 드러커, 《피터 드러커의 자기경영노트》,
109쪽.

33. 저자가 진행한 피터 드러커와의 인터뷰
중에서 인용, 2005년 4월 12일, 캘리포니아
클레어몬트.

34. 브루스 로젠스타인(Bruce Rosenstein),
"Scandals Nothing New to Business Guru…",
〈USA 투데이(USA Today)〉, 2002년 7월 5일.

35. 피터 드러커, 《피터 드러커의 자기경영노트》,
111쪽.

36. 브루스 로젠스타인, "Drucker's
Reinventing Himself at Age 95…",
〈USA 투데이〉, 2002년 7월 5일.

37. 저자가 진행한 피터 드러커와의 인터뷰
중에서 인용, 2005년 4월 11일, 캘리포니아
클레어몬트.

38. 위의 인터뷰.

39. 피터 드러커, 《비영리 단체의 경영》, 201쪽.

40. 해리어트 루빈(Harriet Rubin), "Peter's
Principles," 〈Inc.〉, 1998년 3월, 62~64쪽,
특히 68쪽.

41. 저자가 진행한 피터 드러커와의 인터뷰
중에서 인용, 2005년 4월 11일, 캘리포니아
클레어몬트.

42. 위의 인터뷰.

43. 피터 드러커, 《사람과 성과》, 270쪽.

44. 저자가 진행한 피터 드러커와의 인터뷰 중에서 인용, 2005년 4월 11일, 캘리포니아 클레어몬트.

45. 위의 인터뷰.

46. 저자가 진행한 피터 드러커와의 인터뷰 중에서 인용, 2005년 4월 12일, 캘리포니아 클레어몬트.

47. 피터 드러커, 《21세기 지식경영》, 74쪽.

48. 피터 드러커, 조셉 A. 마시아리엘로, 《매니지먼트 개정판》, 113쪽.

49. 피터 드러커, 《21세기 지식경영》, 188쪽.

50. 피터 드러커, 조셉 A. 마시아리엘로, 《매니지먼트 개정판》, 252쪽.

51. 피터 드러커, 《21세기 지식경영》, 189쪽.

52. 해리어트 루빈, "Peter's Principles,", 64쪽.

53. 엘리자베스 홀, "Career Moves for Ages 20 to 70,", 76쪽.

54. 피터 드러커, 《21세기 지식경영》, 190쪽.

55. T. 조지 해리스(T. George Harris), "The Post-Capitalist Executive : An Interview with Peter F. Drucker,", 〈하버드 비즈니스 리뷰 (Harvard Business Review)〉, 1993년 5~6월, 114~122쪽.

56. 피터 드러커, 조셉 A. 마시아리엘로, 《매니지먼트 개정판》, 52쪽.

57. 피터 드러커, 《아시아에 대한 전망》, 100~101쪽.

58. 위의 책, 101쪽.

59. 피터 드러커, 《비영리 단체의 경영》, 49쪽.

60. 피터 드러커, 《클래식 드러커》, 176쪽.

61. 피터 드러커, 조셉 A. 마시아리엘로, 《매니지먼트 개정판》, 150쪽.

62. 피터 드러커, 《21세기 지식경영》, 191쪽.

63. 피터 드러커, 조셉 A. 마시아리엘로, 《매니지먼트 개정판》, 288쪽.

64. 브루스 로젠스타인, "Leading for The Future : An Interview with Richard F. Schubert,", 〈샤인 어 라이트/ 리더 투 리더(Shine a Light/Leader to Leader)〉, 2005년 4월, 23쪽.

65. 피터 드러커, 조셉 A. 마시아리엘로, 《매니지먼트 개정판》, 256쪽.

66. 피터 드러커, 《비영리 단체의 경영》, 42쪽.

67. 피터 드러커, 《미래를 위한 경영 : 1990년대와
그 이후(Managing for the Future : The 1990s
and Beyond)》, New York : Truman Talley
Books/Plume, 1993년, 108쪽.

68. 피터 드러커, 조셉 A. 마시아리엘로,
《매니지먼트 개정판》, 56쪽.

69. 피터 M. 셍게(Peter M. Senge),
《피터 셍게의 제5경영(The Fifth Discipline
: The Art and Practice of the Learning
Organization)》, New York : Currency
Doubleday, 1990년, 3쪽.

70. 피터 드러커, 조셉 A. 마시아리엘로,
《매니지먼트 개정판》, 197쪽.

71. 해리어트 루빈, "Peter's Principles,", 66쪽.

72. 피터 드러커, 《자본주의 이후의 사회
(Post-Capitalist Society)》,
New York : HarperBusiness, 1993년, 210쪽.

73. 저자가 진행한 피터 드러커와의 인터뷰
중에서 인용, 2005년 4월 11일, 캘리포니아
클레어몬트.

74. 피터 드러커, 《미래를 위한 경영 :
1990년대와 그 이후》, 329쪽.

피터 드러커를 공부하는 사람들을 위하여

피터 드러커의 교훈과 삶을 중심으로

브루스 로젠스타인 Bruce Rosenstein 지음
피터 드러커 소사이어티 옮김

1판 1쇄 펴낸날   2013년 2월 5일

펴낸이	이영혜
펴낸곳	디자인하우스
	서울시 중구 장충동2가 162-1 태광빌딩
	우편번호 100-855 중앙우체국 사서함 2532
대표전화	(02) 2275-6151
영업부직통	(02) 2263-6900
팩시밀리	(02) 2275-7884, 7885
홈페이지	www.design.co.kr
등록	1977년 8월 19일, 제2-208호
편집장	김은주
편집팀	장다운, 공혜진
디자인팀	김희정, 김지혜
마케팅팀	도경의
영업부	김용균, 오혜란, 고은영
제작부	이성훈, 민나영
교정 · 교열	신민경
출력 · 인쇄	신흥 P&P

ISBN 978-89-7041-597-0   03320
가격 15,000원